HILFE!

10 Beatles-Krimis

Lifka/Pfarr

HILFE!

10 Beatles-Krimis

LEINPFAD
VERLAG

Die Krimihandlungen und fast alle Personen sind völlig frei erfunden; eventuelle Ähnlichkeiten sind jedoch nicht immer rein zufällig ...

Umschlag: kosa-design, Ingelheim
Lektorat: Angelika Schulz-Parthu, Frauke Itzerott
Layout: Leinpfad Verlag, Ingelheim
Druck: TZ Verlags & Print GmbH, Roßdorf

Leinpfad Verlag, Leinpfad 5, 55218 Ingelheim,
Tel. 06132/8369, Fax: 896951
E-Mail: info@leinpfadverlag.de
www.leinpfadverlag.com

ISBN 978-3-942291-24-8

Inhalt

Auf geht's zur Zauberhaften Rätselreise!
Reservierung erbeten!
Das Team von ‚Magical Mystery Tours' hat alles für Sie vorbereitet!

Vor zwanzig – oder sind's schon fünfzig? – Jahren hat Stabsfeldwebel Pfeffer diese Truppe zusammengetrommelt und ihr gezeigt, wie man richtig spielt!
Moden kommen und gehen, aber bei diesen Jungs hier ist stets beste Unterhaltung garantiert!
Sie kennen Sie seit vielen Jahren und ich bin stolz, sie Ihnen heute auf dieser Bühne präsentieren zu dürfen!

Wir sind Stabsfeldwebel Pfeffers Hausband im Club der einsamen Herzen und wir hoffen, dass Ihnen unsere Vorstellung gefällt!
Es ist großartig, hier bei Ihnen zu sein!
Sie sind ein wundervolles Publikum!

Wir leben alle in einem gelben Unterseeboot,
alle Freunde sind mit an Bord und wohnen nur eine Tür weiter.
Endlich legt die Band los!

Das Orga-Team der Zauberhaften Rätselreise hofft, dass Sie gleich hin und weg sind – wir können es gar nicht mehr erwarten!

Hilfe!

But now these days are gone, I'm not so self assured,
Now I find I've changed my mind, I've opened up the doors.
(John Lennon)

„Das Skelett liegt schon mehr als 40, aber weniger als 50 Jahre hier herum", dozierte der Mann im weißen Schutzanzug. „Wahrscheinlich männlich, Westeuropäer und erwachsen. Ich schätze mal so zwischen zwanzig und dreißig Jahre alt – zum Zeitpunkt des Ablebens. Noch etwas Geduld, Herr Bezirksinspektor! Sieht aus, als sei er hier ganz ordentlich bestattet worden. Sehen Sie, die Hände liegen überm Bauch gefaltet. Ja – Sie halten's wohl gar nicht mehr aus: keine, ich betone, keine natürliche Todesursache. Wenn S' bitt' schön mal die Stellung der Halswirbel in Augenschein nehmen wollen – erkennt man doch sofort, oder? Nicht? Was lernt ihr heute eigentlich bei der Polizei? Da liegt ein klassischer Genickbruch vor euch, quasi wie auf dem Präsentierteller im Schaufenster vom *Café Engländer*, und ihr seht's nicht! Dabei sieht das doch jedes Kind – sogar der Franz, was mein Assistent ist, sieht's – oder, Franz? Ach so: Bevor Sie jetzt den Tatort – halt, ich korrigiere mich: den Auffindungsort – verlassen, haben wir da noch ein besonderes Schmankerl für Sie. Franz, gib mal den Beutel rüber – das gute Stück hier hat die Zersetzungsorgie der Zeit wohlbehalten überdauert."

Franz hielt eine Plastiktüte hoch, in der sich ein Ring befand.

„Also, Gisbert, auf die 45!" Harald Laufer hob das Stamperl und prostete seinem Freund zu.

„Wahnsinn! 45 Jahre ist das schon her. Wie die Zeit verflogen ist."

Der 67-jährige Gisbert Klinger schüttete den Zirbenschnaps in einem Schluck herunter, stellte das Glas zurück auf den Holztisch und fuhr fort: „Der 13. März war auch ein Samstag, genau wie heute, erinnerst du dich noch?"

„Wie sollte ich nicht? Schau dich doch um! Meinst du, diese Bilder hängen hier einfach nur so rum?"

Harald deutete auf die Wand gegenüber, wo sich mehrere großformatige, in edlem Holz gerahmte Fotografien einer englischen Beatband befanden. Jede einzelne war von einem eigenen Spot angestrahlt.

Aber nicht nur von dieser Wand lächelten die vier Liverpooler Pilzköpfe auf die Hotelgäste herab. Überall in der Lobby des Hotels Edelweiß hingen sie und erinnerten an längst vergangene Zeiten. Das gesamte Hotel strotzte vor Stolz, dass im Frühjahr 1965 Paul McCartney, John Lennon, George Harrison und Ringo Starr im ‚Edelweiß' gewohnt hatten. Der sich damals zum Skiparadies entwickelnde Ort Obertauern im Salzburger Land war von ihrem Manager Brian Epstein als Filmkulisse für die Schneeszenen des Films *Help!* ausgesucht worden. Weil die Musiker bis dahin noch nie auf den schmalen Brettern gestanden hatten, geschweige denn damit gefahren waren, wurden vier junge Skilehrer aus der Gegend auserwählt, um den Beatles beizubringen, wenigstens auf Skiern zu stehen, ohne gleich wieder umzufallen. Und nicht nur das: Die vier einheimischen Burschen doubelten die Beatles und sausten statt ihrer die Pisten hinunter.

Der Ring, den man der Leiche vom Finger genommen hatte, stellte sich als ein billiges Modeschmuckstück heraus, das allerdings auf den ersten Blick kaum von einem echten Diamantring zu unterscheiden war. Ansonsten gab es da noch eine verrostete Gürtelschnalle und Überreste eines Schuhs, wahrscheinlich von einem schwarzen Lederschneestiefel. Außerdem waren Filzstoffreste und das Stück einer geflochtenen Kordel gefunden worden. Es konnte sich dabei um eine Kopfbedeckung handeln, etwa in der Art einer Prinz-Heinrich- oder Elblotsen-Mütze, mutmaßte das technische Labor. Über den Auffindungsort hatten sie bisher Folgendes herausbekommen: Die ehemalige Besitzerin hatte vor etwa einem Jahr den Hof verkauft und wohnte jetzt in einer kleinen Wohnung am Rande des Ortes. Zurzeit war sie allerdings verreist. Der Käufer des Bauernhofs, ein deutscher Investor, wollte auf dem Grundstück eine Ferienanlage bauen und hatte deshalb sämtliche Nebengebäude abreißen lassen. Als dann die Bagger mit ihrer Arbeit begonnen hatten, war man auf die Leiche gestoßen.

„Weißt du eigentlich, was aus dem Fritz geworden ist?", fragte Gisbert.

„Nein, den habe ich schon ewig nicht mehr gesehen. Ist der nicht bei der Bergwacht oder irgend so einer Hilfsorganisation gelandet? Wo der Peter steckt, weiß ich auch nicht. Eigentlich müssten wir mal eine Feier organisieren, das Obertauern-Fab-Four-Double-Veteranentreffen. Du mit Bassgitarre, der Fritz mit runder Nickelbrille, der Peter mit zehn Ringen an den Fingern und ich mit einer Sitar – wäre sicherlich medienwirksam und würde unserem Ort wieder zu ein paar Schlagzeilen verhelfen."

„Na, über zu wenig Medieninteresse können wir uns im Moment ja nicht beschweren. Seit sie vor ein paar Tagen dieses Skelett gefunden haben, ist hier doch mächtig was los! Mir soll das recht sein. Meine Pension ist ausgebucht, und dein Hotel wohl ebenso: Ermittler, Journalisten, Neugierige. Allerdings interessiert mich selber auch, wer sich da so still und heimlich in der Scheune der Sonnenleitners zur letzten Ruhe begeben hat."

„Fragst du dich das wirklich?"

„Du meinst doch nicht ernsthaft ...? Nein, das glaube ich nicht – oder doch? Du denkst es ist der …"

In diesem Moment trat eine Angestellte an den Tisch und brachte ein Bündel Briefe. Sofort verstummten die beiden. Harald Laufer überflog beiläufig den Posteingang – plötzlich stutzte er: Ganz unten im Stapel lag ein grauer, etwas dickerer Umschlag. Aus England. Rechts oben in der Ecke klebte eine Briefmarke mit der Coverabbildung der Schallplatte *Help!*. Er drehte den Brief um, las den Absender.

„Von Elsa", sagte er kopfschüttelnd.

Solange das Obduktionsergebnis nicht vorlag, hatten sich die Ermittler darauf konzentriert, die Vermisstenanzeigen aus den 60er-Jahren zu durchforsten. Zunächst beschränkten sie sich auf das Bundesland Salzburg, was eine rein spekulative Festlegung war, denn bei der Leiche konnte es sich genauso gut um einen deutschen Versicherungsvertreter, einen englischen Touristen oder einen französischen Weinhändler handeln. Aber irgendwo musste man ja anfangen.

Erstaunt stellte die Aspirantin Beatrix fest, dass es doch eine relativ große Anzahl Menschen war, die zwischen 1960 und 1970 als vermisst gemeldet wurden. Beatrix, die alle nur ‚Trixi' riefen, war der Abteilung aushilfsweise zugeordnet worden. Die meisten Vermissten waren über kurz oder lang wieder aufgetaucht, aber von einigen hatte man nichts mehr gehört oder gesehen. Deren Akten hatte die Aspirantin jetzt vor sich liegen und studierte sie.

„Lieber Harry, lieber Bert,
ihr werdet euch sicherlich wundern, dass ihr von mir einen Brief erhaltet. Aber was ich zu erzählen habe, kann ich nicht von Angesicht zu Angesicht tun. Außerdem wird es auch keine Gelegenheit mehr dazu geben. Wir werden uns nicht mehr wiedersehen. Ihr beiden seid meine besten Freunde, wir haben schon zusammen im Sandkasten gespielt, wie man so schön sagt, obwohl ihr ja ein paar Jährchen mehr auf dem Buckel habt – ich glaube es sind vier, richtig? Entschuldigt, dass dieser Brief nicht handgeschrieben ist, aber meine Finger sind es nicht gewohnt, einen dünnen Stift zu halten, dafür mussten sie zu viel schweres und grobes Zeug anpacken. ‚Ungelenk', sagt man wohl. Aber wann bin ich schon mal dazu gekommen etwas aufzuschreiben, außer Einkaufszetteln und alltäglichen Dingen eben. Aber einen Brief? Ich glaube es ist überhaupt mein erster seit 45 Jahren – ja, ja, ich habe dieses Datum nicht vergessen, wie auch?

Nur, damit ihr euch nicht wundert: Schreibmaschine schreiben kann ich natürlich auch nicht – schon gar nicht mit dem Computer. Das besorgt meine liebe Anna für mich (von der ich euch herzlich grüßen soll!). So, jetzt wisst ihr, wo ich bin, noch bin … Ich sitze in einem gemütlichen Schaukelstuhl in einem schnuckelig eingerichteten Zimmer in einem kleinen englischen Häuschen neben dem Regent's Park und schlürfe einen köstlichen Earl Grey-Tee (übrigens: Die Abbey Road ist die zweite Querstraße von hier).

Ich diktiere Anna, was ich bisher nicht zu erzählen wagte – weder euch noch Anna. Jetzt schaut sie mich mit ihren großen braunen Augen an. Ja, Anna, auch dir habe ich nicht alles erzählt, dabei betrifft es dich doch am meisten! Das liebe Kind hat sogar diesen letzten Satz getippt, obwohl er gar nicht für euch da oben in den kalten Alpen bestimmt war. Wo war ich stehen geblieben? Ach ja, beim Datum. Der 13. März, der Tag an dem die Beatles nach Obertauern kamen. Der Tag an dem sich alles für uns änderte. Gut, ihr habt damals nicht geahnt, was aus den euch bis dahin kaum bekannten Musikern einmal werden würde (verrückt waren die schon, oder?). Ihr habt ja bis zu dieser Zeit lieber volkstümliche Musik gehört und fandet die Affenmusik aus England ziemlich blöde. Trotzdem haben die Beatles auch bei euch etwas losgetreten. Ihr beiden konntet von dem Geld, das ihr von Mr. Epstein für die Dreharbeiten und Skistunden bekommen habt, endlich eure mickrigen Gästehäuschen zu ansehnlichen Pensionen und Hotels ausbauen, und Obertauern kann bis heute damit werben, dass dort die Beatles ihr einziges Livekonzert in Österreich gegeben haben. Ich glaube, das war im Hotel Marietta – wisst ihr noch, wie gegen Mitternacht eine Touristin im Nachthemd herunterkam und sich über den Krach beschwerte? Es bedurfte nur eines Lächelns von Ringo und sie sang und tanzte bis vier Uhr morgens mit. Also euch war geholfen, Obertauern war geholfen, und ich – tja, ich, ich hatte den Mann meiner Träume getroffen."

Harald Laufer hielt im Lesen inne und schaute Gisbert fragend an.

„Welchen Mann? Hast du davon etwas gewusst?"

„Nein. Ich hatte zwar mal versucht, mit ihr anzubändeln, aber sie war ziemlich zurückhaltend gewesen …"

„… du meinst, sie hat dir einen Korb gegeben …"

„… genauso wie dir. Vielleicht hatte sie sich in einen der

Touristen verliebt und hat uns deshalb abblitzen lassen. Ich denke wir werden es gleich erfahren. Hat sie dir erzählt, dass sie nach England fahren wollte? Ich habe letzte Woche noch mit ihr gesprochen, am Tag, nachdem die Leiche gefunden worden war – und da hat sie nichts davon erwähnt. Allerdings war sie auch merkwürdig schweigsam gewesen, hat mir kaum zugehört. Komm, lies weiter!"

Auf der Bezirksinspektion war der Obduktionsbericht eingetroffen. Die bisherigen Vermutungen hatten sich bestätigt. Woher der Ring stammte, hatte man noch nicht ermittelt. Der Bezirksinspektor beauftragte seinen Kollegen, sich auf den Ring und die Mütze zu konzentrieren. Die Aspirantin sollte sich derweil in Obertauern umhören und Personen ausfindig machen, die etwas über die Vorbesitzer des Bauernhofs erzählen konnten.

„Fragst halt die Alten, Trixi", rief ihr der Inspektor noch einen guten Ratschlag hinterher und schaute dabei etwas länger als notwendig auf die schwingenden Hüften, die gerade das Büro verließen. „Sie ist doch noch so jung", erklärte er dem Kollegen, als er dessen hochgezogene Augenbrauen bemerkte.

„Ihr werdet euch sicherlich fragen, wer dieser Mann war. Ihr kennt ihn. Ich war damals 18 und er 25. Ich kannte ihn sehr gut und er mich überhaupt nicht. Könnt ihr euch das vorstellen? Da hast du dich unsterblich in einen Kerl verliebt, der für dich unerreichbar ist, dessen Foto du lebensgroß in deinem Teenie-Zimmer hängen hast, für den du um die ganze Welt reisen würdest, um ihn zu treffen – und dieser Kerl kommt plötzlich in dein Dorf gefahren, als wäre es das Normalste auf der Welt!

Alle Teens liebten Paul oder John oder George. Ich liebte Ringo. Den Trommler, den Typ mit den vielen Ringen und der großen Nase. Ich konnte mein Glück nicht fassen, als Richard Starkey alias Ringo Starr das Hotel Edelweiß betrat (damals gehörte es noch deinem Vater, lieber Harald, und der Begriff Hotel, na ja) und ich ihm die Tür aufhalten konnte. Er bemerkte mich sofort. Wie auch nicht? Ich hatte den frisch erstandenen Minirock, den neuen BH und einen besonders engen gelben Pullover angezogen (die durchsichtigen Blusen, die man ohne BH trug, kamen leider erst ein paar Jahre später in Mode – und ob ich mich das getraut hätte?). Beim Friseur war ich natürlich auch gewesen. Als er mir zublinzelte, schmolz ich dahin. Kaum war er auf seinem Zimmer verschwunden, zerbrach ich mir den Kopf, wie ich ihm näherkommen könnte. Wie ihr wisst, wurde mein Bruder Richard dazu ausgewählt, Ringos Double zu spielen. Mein Bruder! War das fassbar? Mein Bruder sollte sich jeden Tag mit Ringo treffen, sollte ihm das Skifahren beibringen, sollte mit ihm zusammen vor der Kamera stehen! Ich war im siebten Himmel. Denn natürlich würde ich meinem Bruder nicht von der Seite weichen, würde ihn auf Schritt und Tritt begleiten …"

Harald unterbrach sich erneut.

„Richard Sonnenleitner hat den Ringo gedoubelt? Das war doch der Peter Kohlweg oder bin ich schon so senil?"

„Senil bist du, keine Frage, trotzdem hast du ausnahmsweise mal recht. Der Peter hat Ringos Rolle gespielt …"

„… aber wieso schreibt die Elsa dann, ihr Bruder sei es gewesen?"

„Weil du eben senil bist. Erinner dich doch. Der Peter hat Richards Job erst zwei Tage später übernommen."

„Oh Mann, klar! Jetzt fällt es mir wieder ein ...“

Jemand trat an den Tisch der beiden Alten und riss sie ziemlich unvermittelt aus der Vergangenheit in die Gegenwart. Keine schlechte Gegenwart, stellte Harald Laufer fest, als er seinen Blick langsam an den kräftigen, in engen Jeans steckenden Beinen entlang nach oben gleiten ließ. Der Blick stieß, nachdem er ein ausladendes Becken passiert hatte, auf eine beachtlich schmale Taille, über der sich push-up gestützte Brüste vorlaut nach vorne streckten. Der Kopf, der danach in sein Gesichtsfeld geriet, war von dunkelbraunem Haar umrahmt, hatte zwei graublaue leuchtende Augen, eine kleine stupsige Nase und einen breiten Mund, der mit breiigem Wiener Akzent herausposaunte: „Hutzenegger, Beatrix. Bezirksinspektion. Ich muss Sie in der Sache Leichenfund befragen.“

Sie setzte sich, zückte einen Notizblock und brachte sich in Kommunikationsstellung. Harald und Gisbert tauschten einen kurzen Blick. Während Harald wie nebenbei den Brief zusammenfaltete und einsteckte, wandte sich Gisbert an die Beamtin:

„‚Grüß Gott‘, heißt das hier in Obertauern. Und ‚bitte‘ gehört auch zum Wortschatz. Wenn Sie mich dann mal entschuldigen.“

Gisbert stand auf und ging auf eine Tür zu, auf der ‚Privat‘ stand.

„Eben“, grunzte Harald, der sich gleichfalls erhob und Gisbert folgte.

Den gestammelten Halbsatz „... aber ich brauche doch Ihre Hilfe, Sie können doch nicht einfach ...“, der ihn noch erreichte, bevor er hinter der Tür verschwand, beantwortete er lediglich mit dem Winken der erhoben Hand.

Bevor sie nach Obertauern gefahren war, hatte die Aspirantin dem Bezirksinspektor drei Ordner auf den Schreibtisch gelegt. Drei verschollene Männer, alle zwischen 20 und 30 Jahre alt. Er schlug die erste Akte auf und stutzte sofort. Der Vermisste hieß Richard Sonnenleitner. Sonnenleitner … Sonnenleitner? Da war doch was? Klar, die Vorbesitzer des Bauernhofs, auf dem die Leiche gefunden worden war, hießen Sonnenleitner. Diese Hutzenegger war wirklich noch sehr jung und unerfahren. Das hätte sie ihm doch gleich mitteilen müssen! Richard Sonnenleitner war am 16. März 1965 von seiner Ehefrau Paula als vermisst gemeldet worden. Er war zum Zeitpunkt seines Verschwindens 21 Jahre alt, von Beruf Skilehrer und hatte zusammen mit seiner Frau und der einjährigen Tochter Anna auf dem Bauernhof der Sonnenleitners in Obertauern gelebt.

Harald Laufer und Gisbert Klinger hatten es sich in Laufers Wohnung im obersten Stockwerk des Hotels Edelweiß gemütlich gemacht.

„Bevor wir mit der Polizei reden, sollten wir erst Elsas Brief zu Ende lesen. Du bist doch auch dieser Meinung?“

Gisbert nickte zustimmend und Harald las laut weiter.

„Aber es bedurfte gar nicht der Hilfe meines Bruders. Schon am nächsten Morgen, ich war gerade auf dem Weg zum Hotel Edelweiß, kam mir Ringo entgegen. Ihr wisst schon, auf dem schmalen Pfad, der oberhalb unseres Hofes entlangführt und damals noch nicht abgesichert war. Mein Herz begann wie wild zu klopfen. Er kam auf mich zu und schaute sich pfeifend um. Es war ein schöner, klarer Tag, die Sonne strahlte am blauen Himmel, der Schnee funkelte, wir hatten minus zehn Grad. Am liebsten hätte ich mich umgedreht und wäre fortgelaufen. Aber dann fasste ich all meinen

Mut zusammen und ging direkt auf ihn zu. Als er mich sah, hörte er auf zu pfeifen, blieb stehen und sah mich mit seinen lustigen Augen an.

‚Good morning, Mr. Starr. How are you?'

Mein Gott, war das peinlich! Viel mehr Englisch konnte ich nicht. Aber er lächelte. Da fiel mir noch eine Wendung ein:

‚May I help you?'

‚Fine. Thank you …'

Er sprach weiter, aber ich verstand ihn nicht. Als er das bemerkte, überlegte er kurz und sagte dann: *Komm, gib mir deine Hand!* Ich muss wohl ziemlich verdutzt dreingeschaut haben. Er runzelte die Stirn, dann artikulierte er sehr langsam: *Ich will mit dir gehen.* Ich musste loslachen, er stimmte ein, ich hakte mich bei ihm unter und wir liefen eine Stunde schweigend durch den Schnee. Liefen? Ich schwebte! Zog er mich nicht immer näher an sich heran? Dann kamen wir zu einer Bank. Wir setzten uns nebeneinander. Sehr dicht nebeneinander. Er legte seinen Arm um meine Schulter und kauderwelschte: *Schoner kann es gar nicht sein*, und etwas später: *Kann sie nur glucklich sein*.

Heute weiß ich: Das war eine nette, freundschaftliche Geste von ihm. Damals war ich mir aber sicher: Er wollte mich! Ringo Starr hatte sich in mich verliebt. Das spürte ich ganz tief. Mir war so heiß, dass ich dachte, der Schnee unter mir müsse schmelzen. Sollte ich ihn küssen?"

Es hatte nicht lange gedauert, bis sich der Bezirksinspektor weitere Informationen über die Familie Sonnenleitner verschafft hatte. Paula Sonnenleitner war zwei Jahre nach der Vermisstenanzeige bei einem Autounfall in der Nähe von Klagenfurt ums Leben gekommen. Die kleine Anna wurde bei Richard Sonnenleitners Schwester Elsa in Pflege gegeben und später von ihr adoptiert. Elsa war es auch, die den Hof verkauft hatte. Anna, die heute 46 Jahre alt und mit einem englischen Konzertpianisten namens William Shears verheiratet war, lebte in London.

Jetzt galt es, den Aufenthaltsort von Elsa Sonnenleitner ausfindig zu machen und Kontakt mit Anna Shears aufzunehmen.

„Unsere unscheinbare Elsa hatte ein Verhältnis mit Ringo Starr? Das glaubt sie ja selber nicht! Vielleicht ist sie in Her Majesty's Country völlig durchgedreht und lebt nur noch in einer Traumwelt."

„Klingt der Brief so, als würde sie träumen oder nicht mehr ihre Sinne beieinander haben? Ganz und gar nicht. Also, hör einfach weiter zu!"

Harald Laufer nahm einen Schluck Mineralwasser und las weiter:

„Jetzt wollt ihr sicherlich wissen, wie Ringos Küsse schmeckten? Kann ich euch leider nicht sagen. Bevor ich mich nämlich dazu durchringen konnte, kam Brian Epstein den Hang heruntergeschossen – der konnte nämlich im Gegensatz zu seinen vier Boys sehr gut Skifahren – und beorderte Ringo zum Skilift, wo das Filmteam schon auf ihn wartete. Aber das war egal. Ich flog nach Hause, hatte völlig vergessen, warum ich eigentlich unterwegs gewesen war, legte mich in meinem Zimmer aufs Bett. Mit Blick auf das Foto meines Geliebten träumte ich mich in eine andere Welt, sah mich im weißen Brautkleid neben Ringo, Paul und John waren die Trauzeugen.

Irgendwann klopfte meine Mutter an die Tür und brachte mir die neue ‚Bravo', die gerade mit der Post angekommen war. Und wer war da wohl auf der Titelseite? Ihr habt es erraten. Die Überschrift lautete: ‚Beatles drehen Film auf den Bahamas'. Sofort schlug ich die entsprechenden Seiten auf. Rechts war ein Bild von Ringo, neben ihm stand eine Frau. Bildunterschrift: ‚Ringo und Maureen Cox, die er im Februar heiratete'.

Ich war zunächst enttäuscht, dann kam Wut dazu, dann war da nur noch Wut. Ich streifte irgendeine Jacke über, rannte aus meinem Zimmer, aus dem Haus, raus ins Freie. Dieser Schuft hatte mit mir geflirtet, hatte mein Herz entflammt und hatte gerade mal vier Wochen vorher geheiratet. Ich sah Rot. So jedenfalls ist es mir in Erinnerung geblieben. Was glaubt ihr, wer oben auf dem Weg stand, als ich immer noch voller Wut durch die Landschaft geisterte? Richtig: Ringo! Fast an der gleichen Stelle wie am Morgen. Er stand mit dem Rücken zu mir, mit den affigen schwarzen Kleidern und der bescheuerten Mütze auf dem Kopf. Er schaute hinunter auf unseren Hof, so als hielte er Ausschau nach mir. Dieser verlogene Schuft! Ich stürmte direkt auf ihn zu und in all meiner Verzweiflung gab ich ihm einen heftigen Stoß in den Rücken. Er strauchelte und stürzte kopfüber den felsigen Abhang hinunter …"

„Jetzt ist sie völlig durchgeknallt", überlegte Gisbert. „Wer diesen Abhang hinuntergestürzt ist, ist nicht ohne schwere Verletzungen davongekommen. Mir ist nichts davon bekannt, dass Ringo irgendeine Verletzung aufzuweisen hatte. Weder vor, bei noch nach den Dreharbeiten. Die spinnt, die Elsa."

Mittlerweile hatte die Polizei mit Anna Shears telefoniert. Sie bestätigte, dass Elsa Sonnenleitner bei ihr zu Besuch war. Allerdings weigerte sich die alte Dame, mit dem Inspektor zu sprechen. Es blieb auch unklar, wann sie vorhatte, wieder nach Österreich zurückzukommen.

Der Bezirksinspektor beendete das Gespräch einigermaßen ratlos. Er war sich mittlerweile sicher, wen man da unter der Scheune vergraben hatte. Allerdings waren die Fragen nach dem Wie, Wer und Warum noch völlig offen. Da lag noch viel, viel Arbeit vor ihm. Das war das einzig Klare in diesem Fall. Und er würde Hilfe benötigen. Viel Hilfe.

„Ringo war bewegungslos liegen geblieben. Ich unterdrückte den ersten Impuls, einfach wegzulaufen. Danach auch den zweiten, nämlich Hilfe zu holen. Ich rannte vorwärts bis zur Wegbiegung, dann auf unseren Hof. Niemand war zu sehen. Hinten, rechts neben der Scheune, lag er auf dem Rücken, den Hals merkwürdig verdreht. Ich schlich mich hin. Ich, ich, ich – entschuldigt, ich kann nicht weiter …“

„Hallo Onkel Harald und Onkel Gisbert! Seit ich die letzten Sätze getippt habe, sind zwei Tage vergangen. Elsa geht es sehr schlecht. Ich weiß nicht, ob sie sich noch einmal erholen wird. Was sie da 45 Jahre lang mit sich herumgeschleppt hat, hat sie innerlich aufgefressen. Dass sie jetzt alles erzählte, wird nichts von ihrer Last nehmen. Vielleicht hat es ihr gut getan, darüber zu reden, aber die Erinnerungen haben sie völlig entkräftet. Sie hat mich gebeten, euch das Ende zu berichten. Als Elsa zu dem Toten hinkam, erkannte sie, dass dort nicht Ringo, sondern ihr Bruder Richard lag – in Ringos Kostüm, er hatte ja kurz zuvor die ersten Szenen mit euch abgedreht. Sie hatte Angst, ins Gefängnis zu kommen, hat die Leiche zunächst provisorisch versteckt und dann am nächsten Morgen, als alle in der Kirche waren, in das Grab gebettet, das sie in der Nacht in der Scheune ausgehoben hatte. Dass es bis heute niemand entdeckte, lag wohl daran, dass Elsas Vater kurz darauf den Scheunenboden betonierte, damit man besser mit den Schubkarren rein- und rausfahren konnte.

Ich muss mich jetzt um Elsa kümmern. Gestern hat die Polizei hier angerufen. Ich habe ihnen gesagt, dass sie hier bei mir ist und man noch nicht weiß, wie lange sie bleiben wird. Die Polizei weiß nur, dass es sich um Richards Leiche handelt. Sonst nichts. Ich überlasse es euch, was ihr mit dem Brief macht. Ach, noch was: Den Ring hatte sie ihm absichtlich am Finger gelassen. Immerhin war es ja das Duplikat von dem, den Ringo im Film trägt, und dort soll er ja ein geheiligter Opferring sein.

In der Hoffnung, dass der Brief euch am 13. erreicht (so Elsas Wunsch), grüße ich euch ganz herzlich! Eure Anna“

Die beiden Alten schwiegen. Jeder hing seinen Gedanken nach. Ein paar Minuten später stand Harald Laufer auf, holte die silberne Obstschale vom Kaminsims, nahm das Obst heraus und stellte die Schale auf den Tisch. Dann legte er die Blätter des Briefs hinein, zog sein Feuerzeug hervor und entfachte eine Flamme.
Er schaute sein Gegenüber an.
Gisbert nickte.

Vorgestern

„Du hast sie ja nicht mehr alle!", schrie der Mann und rannte auf die Frau an der Felskante zu.

„Daneben!", rief die Frau triumphierend, trat einen Schritt zur Seite und versetzte dem Mann noch einen kräftigen Schubs, der ihn über die Klippe beförderte.

Dort unten blieb er mit einem Blick, der mehr Erstaunen als Erschrecken verriet, liegen. Er hielt die Augen auch noch offen, als sie bereits jeden Ausdruck verloren hatten.

Bei Shirley Smith passte einfach alles – angefangen mit dem Namen, der ein wenig aus der Mode gekommen und doch gleichermaßen zeitlos war, sodass er die leicht angestaubte Nettigkeit, die Shirley ausstrahlte, noch unterstrich.

Weiterhin passte die Stadt Chester, wo Shirley lebte und arbeitete. Chester im Nordwesten Englands, nicht weit von der walisischen Grenze und von der Küste der Irischen See entfernt, war mit seinem pittoresk aufgemöbelten mittelalterlichen Stadtbild, seinen proper herausgeputzten Fachwerkhäusern und den vorbildlich gepflegten Ruinen aus der Römerzeit die historische Puppenstube Großbritanniens und überdies ein Touristenmagnet.

Vor allem aber passte Shirleys Beruf zu ihr – ja es schien, als habe sich der Beruf Shirley ausgesucht und nicht umgekehrt. Shirley war im Stadtarchiv von Chester angestellt und ihre Aufgabe dort bestand in erster Linie darin, Nachlässe zu sichten, zu bewerten und gegebenenfalls zu archivieren. Wenig aufregend und, zumal auf Dauer, ziemlich öde – so war wohl die Wahrnehmung, die Außenstehende von Shirleys Tätigkeit hatten, und mancher neigte dazu, diese Einschätzung unbewusst auf die Person zu übertragen.

Shirley konnte damit leben. Erstens, weil ihr der Job, den sie selbst eher als Berufung empfand, wirklich Freude machte; zweitens, weil sie zu wenig soziale Kontakte pflegte, als dass sie unter dem mangelnden Prestige ihrer Tätigkeit tatsächlich hätte leiden können, und drittens, weil sich ihre Vorgesetzten mit ihren Leistungen hochzufrieden zeigten.

Ein typischer Arbeitstag begann für Shirley etwa so: Am Vormittag erschien, selbstverständlich nach Terminvereinbarung, ein naher Verwandter eines vor kurzem verstorbenen Professors, Klerikers oder Kleinadeligen und vermachte – angeblich entsprechend dem Willen des Dahingeschiedenen – ein wüstes Konvolut von Büchern, Aufzeichnungen, Bildern, Zeitungsausschnitten, Orden, Urkunden und sonstigen Memorabilia dem Stadtarchiv von Chester. In der Regel geschah die Übergabe allerdings erst dann, wenn die unmittelbaren Angehörigen alles, was ihnen aus dem Nachlass des Erblassers irgendwie von Interesse erschien, an sich genommen hatten – so landeten nur höchst selten wirklich wertvolle Bücher oder Kunstwerke auf Shirleys Schreibtisch. Weitaus häufiger bekam sie es mit Sachen zu tun, die weniger von der eigenen Bedeutung durchdrungene Familien ungerührt den städtischen Entsorgungsbetrieben überlassen hätten – dann allerdings auf eigene Kosten und ganz bestimmt nicht unter dem Mantel der Großherzigkeit.

Aber Shirley machte es Spaß, das Tohuwabohu zu durchforsten, zu nummerieren und zu katalogisieren, zu beschriften, in Kisten abzulegen und in Ordnern zu sammeln. Als reizvollsten Teil ihrer Beschäftigung empfand Shirley den allerdings seltenen Fall, wenn sie aus einem Haufen von Banalem und Belanglosem ab und zu eine echte Perle zutage förderte: eine Notiz, die eine Wissenslücke zur Stadtgeschichte schloss; einen Kupferstich, der einen überraschenden Blick auf ein altes Gebäude eröffnete; eine Korrespondenz, die eine unbekannte Facette einer historischen Persönlichkeit beleuchtete.

Shirley hatte die Stelle in Chester unmittelbar nach Abschluss ihres Studiums der britischen Volkskunde angetreten und im Laufe ihrer nunmehr 17 Dienstjahre einen sechsten Sinn dafür entwickelt, in welchen Nachlässen sich eventuell ein Schatz verbergen könnte und in welchen eher nicht. Und hier und heute, das spürte Shirley überdeutlich, gab es aller Wahrscheinlichkeit nach etwas Aufregendes zu entdecken.

Dies hing nicht etwa damit zusammen, dass der Nachlass, der ihr seit heute früh zur Sichtung vorlag, von Baronet Edward de Fort stammte. Sir Edward gehörte zwar zu einer der ältesten und angesehensten Familien der Grafschaft Cheshire und war im gesegneten Alter von 94 Jahren gestorben. Aber gerade bei diesen altadeligen Clans tauchten meist genügend Nachkommen auf, die die wertvollsten Einzelstücke aus dem Besitz des Verstorbenen mit gierigem Kennerblick identifizierten und auf ihren Wert hin taxierten, um sie sich unter den Nagel zu reißen.

Die Familie de Fort tickte jedoch anders. Es war Sir Edwards Enkel Dennis gewesen, der ihr die staubigen Kartons mit der unsortierten Hinterlassenschaft des alten Baronet angeliefert hatte. Sir Dennis, ein schnöseliger und arrogant auftretender Aristokrat wie aus einem Rosamunde-Pilcher-Roman entsprungen, interessierte sich, ebenso wie sein Vater Sir George, nicht die Bohne für Geschichte oder Kultur, sondern ausschließlich für die Jagd, das Golfspiel und natürlich das Geschäft. Dieses bestand seit vielen Generationen in der Herstellung und Vermarktung von Chester-Käse, mit dem die de Forts traditionell nicht nur die Royal Navy belieferten, sondern auch eine Vorrangstellung im internationalen Export innehatten. Entsprechend groß war das Vermögen, das die Familie angehäuft hatte, und entsprechend gering das pekuniäre Interesse, das George und Dennis de Fort den Büchern und Akten Sir Edwards entgegenbrachten.

„Werden Sie glücklich mit dem Krempel, wenn Sie's können!", hatte Dennis der verdutzten Shirley zugerufen. „Von mir aus dürfen Sie das alte Zeugs auch selbst behalten."

Dann war er mit seinem Landrover Richtung Golfplatz davongebraust.

Shirley beschloss, sich für den Nachlass des alten Baronet de Fort mehr Zeit als gewöhnlich zu nehmen. Nachdem sich bei ihr nun einmal die Ahnung eingestellt hatte, dass hier mit Überraschungen zu rechnen sei, wollte Shirley, indem sie besonders langsam und gewissenhaft vorging, möglichst lange das Gefühl der Spannung und der Vorfreude auskosten.

Schon bei der ersten Sichtung fiel ihr eine Shakespeare-Werkausgabe aus dem späten 18. Jahrhundert in die Hände, versehen mit einer handschriftlichen Widmung eines zu dieser Zeit gefeierten Schauspielers, der vor allem für seine Darstellung des Hamlet und des Romeo berühmt war. Ein veritables Schnäppchen, befand Shirley, und ein künftiges Schmuckstück der Stadtbibliothek. Aber – davon war sie überzeugt – noch nicht der Haupttreffer.

Zwei Tage später stöberte sie ein kurz vor der Trafalgar-Schlacht datiertes persönliches Schreiben von Horatio Nelson auf, in dem sich der legendäre Admiral gegenüber dem seinerzeitigen Baronet James de Fort lobend über die Qualität von dessen Käselieferungen ausließ. Shirley sah das Schriftstück bereits in einer Sichtvitrine an prominenter

Stelle in der Lobby der Town Hall ausgestellt. Ein Autograph von Admiral Nelson – ein echter Hammer! War das noch zu toppen?

Ende der Woche stieß Shirley in einem der Kartons auf verschiedene Musikalien, darunter alte Klavierauszüge der *Beggars Opera* und diverse Salonkompositionen, wie sie höhere Töchter der Jane-Austen-Epoche bei Gesellschaften zum Pläsier oder zur Langweile der Gäste auf dem Pianoforte zum Besten gaben. Trotz des relativen Alters der Noten fand sich dergleichen in vielen Nachlässen, was ihren Wert entsprechend senkte.

Weit unten im Karton hatte sich zwischen all das vergilbte und zerfledderte Notenmaterial eine Kladde mit Zierdeckel verirrt, die ganz offensichtlich keine Notenausgabe enthielt. Beim Blättern sah Shirley, dass es sich um ein Gästebuch der Familie de Fort aus der ersten Hälfte des 19. Jahrhunderts handelte – und hier setzte ihr Herz vor Freude einen Schlag aus!

Zu jener Zeit, den Jahren der von England ausgehenden industriellen Revolution, waren zahlreiche Adelige aus den rasch expandierenden, zunehmend proletarischer durchsetzten und von Ruß und Schmutz belasteten Nachbarstädten wie Manchester und Liverpool in die beschauliche Grafschaft Cheshire übergesiedelt und auch die großbürgerlichen Besitzer der großen Textilmanufakturen und Fabriken in den genannten Städten hielten sich bevorzugt Landsitze in Chester und Umgebung.

Die Einträge ins Gästebuch entpuppten sich als ein wahres Who's Who der High Society der Regency-Epoche: Im Schloss der Familie de Fort waren Peers und Angehörige der Gentry, Großindustrielle und Vertreter der Finanzaristokratie, Künstler und Politiker ein- und ausgegangen und hatten ihren persönlichen Fingerabdruck im Gästebuch hinterlassen. Die Entdeckung, die sie da gemacht hatte, durfte man mit Fug und Recht als spektakulär bezeichnen – Shirley konnte sich eine Anwandlung von Schadenfreude angesichts des hochmütig-ahnungslosen Dennis de Fort nicht verkneifen.

Shirley fiel ein Eintrag ins Auge, der sich grundsätzlich von den anderen Poesiealbumsprüchen und Kritzeleien unterschied: Eine ganze Seite war mit offenbar aus der Hand gezeichneten Klaviernoten beschrieben. Die wenigen Takte standen in der Tonart F-Dur oder d-Moll, das konnte Shirley aus dem Notentext erkennen, ohne dass sie die Melodie hörte. Überschrieben war das Ganze mit *Song Without Words* und unter dem Schlussakkord stand *owned to Christabel – forever yours – Felix.*

Das beigefügte Datum war wegen eines Tintenkleckses nicht exakt zu entziffern. Allerdings war die Jahreszahl 1832 zu erkennen und das passte auch zum zeitlichen Umfeld der vorherigen und nachfolgenden Einträge. Im Gegensatz zu einigen Wörtern und Zahlen waren die Noten gestochen scharf zu erkennen.

Das kurze Stück stellte keine allzu hohen spieltechnischen Anforderungen, das sah Shirley auf den ersten Blick und ihre Liebe zur Musik traf hier auf die Neugier, wie dieses Lied ohne Worte sich wohl anhören mochte. Sie nahm das Gästebuch und ging die paar Schritte hinüber in den Lesesaal, wo ein Spinett aus der Rokoko-Zeit stand.

Mittagspause. Kein Mensch da. Umso besser, dachte Shirley, denn der Archivleiter schätzte es gar nicht, wenn Mitarbeiter oder Besucher Hand an das kostbare Instrument legten. Sie stellte die Kladde mit dem Notenblatt auf den Halter. *Andante cantabile,* stand als Vortragsbezeichnung über dem Stück und das bedeutete: nicht zu schnell und dabei gesanglich. Shirley griff in die Tasten.

„Na, haben wir da einen Beatles-Fan?", meinte Sylvia Taylor, die gerade vom Lunchbreak zurückkam.

Shirley sah ihre Kollegin erschrocken an. Aber das Erschrecken hatte sich schon eingestellt, bevor sie Sylvia bemerkt hatte.

„Ich spiele manchmal ein bisschen über Mittag – wenn sonst keiner da ist, den ich stören würde", stotterte Shirley.

„Wegen mir kannst du auch gerne während der Arbeitszeit spielen", lächelte Sylvia. „Vor allem, wenn es Beatles-Songs sind."

Es war Freitagnachmittag und Shirley sah zu, dass sie so schnell wie möglich nach Hause kam. Mit dem Gästebuch der Familie de Fort, das sie in ihrer Tasche bei sich trug.

Yesterday – all my troubles seemed so far away, ging es ihr unentwegt durch den Kopf. Auch noch, als sie sich zu Hause ans Klavier setzte und den *Song Without Words* aus dem Jahr 1832 durchspielte, immer und immer wieder. Kein Zweifel: Die Melodie, die der unbekannte Komponist, der mutmaßlich Felix hieß, ins Gästebuch notiert hatte, war der berühmteste und meistgespielte Song aller Zeiten und er stammte von der berühmtesten und größten Band aller Zeiten und er war der Welt unter dem Namen *Yesterday* bekannt.

Das konnte doch nicht sein! War am Ende dieses angebliche Gästebuch der de Forts ein Fake? Ein Witz, den sich Sir George und sein Sohn aus einer aristokratischen Laune heraus mit dem einfachen Volk, verkörpert durch die kleine Archivarin Shirley Smith, erlaubten? Shirley überflog Einträge von verschiedenen Honoratioren, deren Handschriften ihr aufgrund der jahrelangen Tätigkeit im Stadtarchiv geläufig waren: Nein, das Gästebuch war echt, da gab es keinen Zweifel.

Shirley startete eine umfassende Internet-Recherche über die Entstehung und die Hintergründe von *Yesterday*. Der Song war erstmals im August 1965 auf dem Beatles-Album *Help!* veröffentlicht worden, die Aufnahme hatte wenige Wochen zuvor am 14. Juni in den Londoner Abbey Road Studios stattgefunden. Es war der erste Beatles-Song gewesen, bei dem überhaupt nur einer der Fab Four zu hören war: Paul McCartney. Paul hatte *Yesterday* geschrieben, auf der Aufnahme sang er und spielte die akustische Gitarre. Die Begleitung durch ein klassisch besetztes Streichquartett war die Idee des Produzenten George Martin gewesen, der – wie auch die übrigen Beatles – spürte, dass diesem Song mit einem konventionellen Rock'n'Roll-Arrangement nicht beizukommen war.

Shirley hatte als Kind klassischen Klavierunterricht gehabt und später ihre Interessen Richtung Pop erweitert. Ihr Beruf war ihr Leben, aber ihre heimliche – und nebenbei: einzige – Liebe galt der Musik. Sie spielte leidlich Klavier und half gelegentlich im Kirchenchor aus. Eine Weile hatte sie mit dem Gedanken geliebäugelt, sich bei einer dieser Talentshows im Fernsehen zu bewerben, hatte dann aber selbstkritisch eingesehen, dass sie leider zwar vom Aussehen her, nicht aber in Bezug auf das stimmliche Potenzial in derselben Liga wie Paul Potts und Susan Boyle spielte.

Shirley hielt die Beatles für den bedeutendsten musikalischen Beitrag, den England der Welt gegeben hatte. Henry Purcell war okay, konnte aber beim besten Willen nicht auf eine Stufe mit Bach oder Mozart gestellt werden. Händel war ein Grenzfall, blieb aber auch als britischer Staatsbürger im Grunde ein Deutscher, selbst wenn er mit ‚George Frideric Handel' zu unterschreiben pflegte. Danach kam lange nichts, auch Elgar und Britten konnten außerhalb Britanniens nicht viel reißen – bis schließlich die Beatles auf den Plan traten und den Soundtrack des 20. Jahrhunderts revolutionierten. Das wurde ihr wieder einmal voller Stolz bewusst, als sie sich durch die Datenmassen pflügte, die das Internet über das Quartett aus Liverpool bereithielt.

Bis zum Zeitpunkt seiner Veröffentlichung hatte der Song *Yesterday* schon eine längere Geschichte hinter sich, da waren sich alle Informanten einig. Paul selbst behauptete, er habe die Melodie buchstäblich geträumt, als er im Haus der Familie seiner damaligen Freundin Jane Asher übernachtete, und nach dem Aufwachen habe er die Melodie sofort auf dem Klavier gespielt, um sie nicht zu vergessen.

Das klang nach einer hübsch ausgedachten Anekdote, fand Shirley – und dabei gar nicht untypisch für den von Legenden überwucherten Pop-Kosmos der verrückten Sixties: Wer in aller Welt komponierte schon im Schlaf? Allerdings hatte sich Paul diese Frage seinerzeit offenbar selbst auch gestellt. Er war zunächst davon ausgegangen, dass er die Melodie irgendwo unbewusst aufgeschnappt und wieder vergessen hatte, bis sie im Traum gleichsam wieder an die Oberfläche trieb. Kryptomnesie hieß der Fachausdruck für dieses Phänomen, so lernte Shirley, und das Wort löste bei ihr ein angenehmes Gruseln aus.

Paul hielt seinen musikalischen Einfall für verdächtig perfekt. In der folgenden Zeit spielte er ihn jedem vor, der ihn hören wollte, und allen anderen auch – ständig in der bangen Erwartung und Befürchtung, dass irgendwer die wahre Herkunft erkennen und ihn des Plagiats überführen würde.

„Es war etwa so, wie wenn man eine Fundsache der Polizei

übergibt“, erinnerte sich Paul. „Wenn sich nach Ablauf einer bestimmten Zeit kein Besitzer meldet, darf man es behalten.“

Shirley musste schmunzeln. Sie betrachtete das Gästebuch der de Forts und überlegte, dass außer ihr wohl kein Mensch wusste, dass es überhaupt existierte. Aber bevor ihre Gedanken allzu weit abschweiften, vertiefte sie sich wieder in die Recherche.

Paul hatte dem Stück den Arbeitstitel *Scrambled Eggs* – also „Rührei“ – gegeben. *Scrambled eggs – oh, my baby, how I love your legs,* hatte er ursprünglich gesungen, dabei aber natürlich gewusst, dass dieser Text absolut nicht zu dieser träumerischen, auch ein wenig melancholischen Musik passte. Den endgültigen Text schrieb er erst wenige Tage vor der Aufnahme während eines Urlaubs in Portugal.

George Martin glaubte sich zu erinnern, dass Paul ihm die Rohfassung von *Yesterday* schon im Januar 1964 vorgespielt habe. Demnach blieben Paul rund anderthalb Jahre Zeit, den anderen Beatles mit seinen fortgesetzten Versuchen, ihnen den Song irgendwie schmackhaft zu machen, gehörig auf die Nerven zu gehen.

„Meine Fresse, er sprach über nichts anderes mehr!“, stichelte der sonst so zurückhaltende George Harrison. „Man hätte meinen können, er wäre Beethoven oder jemand in der Art.“

Er war und ist jemand in der Art von Beethoven, dachte Shirley trotzig. Eine Musik von diesem Weltrang ist den Deutschen seit 200 Jahren nicht mehr eingefallen! *Yesterday* war der meistaufgenommene Song der Popgeschichte – unter anderem standen so erlauchte Namen wie Elvis und Frank Sinatra, Bob Dylan und Ray Charles, Benny Goodman und Placido Domingo auf der Interpretenliste. Die

Melodie gehörte zum Weltkulturerbe wie Shakespeares King Lear oder der Mythos James Bond. Punkt.

Weit nach Mitternacht fuhr Shirley den Computer herunter. Beinahe hatte sie vergessen, was der eigentliche Anlass ihrer ausgedehnten Recherche gewesen war. Mit dem mulmigen Gefühl, der vielleicht größten Sensation der Musikgeschichte auf der Spur zu sein, schlief sie schließlich ein.

Als sich der Fall *Yesterday* nach dem Erwachen am nächsten Morgen nicht – wie vielleicht insgeheim erhofft – als Traum entpuppte, sondern sich in Form eines Notenblatts aus dem Jahr 1832 unübersehbar auf ihrem Klavier breitmachte, begann Shirley nervös zu werden. Wenn sie nicht mit völliger geistiger Blindheit geschlagen war, musste sie wohl oder übel davon ausgehen, dass nicht Paul McCartney oder sonst einer der Beatles das Stück geschrieben hatte, sondern ein anderer, vorläufig unbekannter Komponist des 19. Jahrhunderts. Somit war wahrscheinlich, dass Paul mit seiner ursprünglichen Vermutung richtig gelegen hatte: Er hatte die Melodie, auf welche Weise auch immer, unbewusst aufgenommen und später für einen eigenen Einfall gehalten. Und ausgerechnet sie, Shirley Smith, war vermutlich der einzige Mensch auf der Welt, der um diesen Umstand wusste.

Die Last der Verantwortung, die ihr nach und nach bewusst wurde, machte sie schwindlig. Sie hatte, wenn sie es genau überlegte, die Macht, einen Mythos zu zerstören – oder es bleiben zu lassen. Sie konnte einem unbekannten Komponisten posthum einen Platz im Pantheon der Musik verschaffen – oder auch verwehren. Sie konnte ihre eigene mediokre Existenz über Nacht ins Blitzlicht der Weltöffentlichkeit katapultieren – oder ihr Wissen still für sich behalten und weitermachen wie bisher.

Shirley bemerkte, dass sie vor Aufregung zitterte. Trotz der frühen Stunde versuchte sie sich mit einem reichlich bemessenen Scotch zu beruhigen. Erst einmal durchatmen und wieder auf den Boden kommen! Vielleicht war es am Vernünftigsten, die möglichen Konsequenzen ihrer Entdeckung vorläufig beiseite zu schieben und weitere Informationen zu sammeln.

Shirley besorgte sich in mehreren Buchhandlungen der Stadt alles, was über die Beatles aufzutreiben war – um später zu Hause festzustellen, dass auch dort keine wesentlichen neuen Erkenntnisse über die Entstehung von *Yesterday* standen. Irgendwer wollte textliche Übereinstimmungen mit einem Song von Nat King Cole entdeckt haben, ein anderer hörte melodische Anklänge an ein altes neapolitanisches Volkslied heraus – all diese Spekulationen waren letztlich im Sande verlaufen.

Aber das Notenblatt dort war echt! Dieses Stück klang nicht irgendwie so ähnlich wie *Yesterday* – das war *Yesterday*, dazu bedurfte es keines musikwissenschaftlichen Gutachtens. Wer war aber nun der eigentliche Komponist gewesen?

Sogenannte Lieder ohne Worte waren Shirley in der Zeit ihres Klavierunterrichts öfter untergekommen, und zwar von verschiedenen Komponisten, soweit sie sich erinnerte. Trotzdem schien die Wortkombination *Songs Without Words* einen Google-Suchlauf wert.

Zwei Minuten später brauchte Shirley wieder einen Scotch, diesmal einen dreifachen: Die Bezeichnung ‚Lied ohne Worte', daran war nicht zu rütteln, ging auf den deutschen Komponisten Felix Mendelssohn zurück und die ersten Beispiele dieser Gattung hatte Mendelssohn während eines England-Aufenthalts komponiert und in London herausgegeben. Das war im Jahr 1832 gewesen und der Komponist hieß Felix!

Wieder nahm sich Shirley das Notenblatt aus dem Gästebuch vor. Wenn tatsächlich zutraf, was ihr im Augenblick als Möglichkeit durch den Kopf ging, war die Sensation eine doppelte!

Shirley verbrachte den Rest des Wochenendes damit, sich über Mendelssohn schlauzumachen.

Felix Mendelssohn – den die Deutschen meist „Mendelssohn Bartholdy“ nannten, obwohl der Komponist selbst den Beinamen, der nach dem Willen seines Vaters die jüdische Herkunft der Familie übertönen sollte, nicht mochte, – war ein echtes Wunderkind gewesen. Schon als Jugendlicher verkehrte er mit den bedeutendsten Musikern Europas und unternahm bereits als 20-jähriger Klaviervirtuose eine mehrmonatige Konzerttournee durch England und Schottland. Zwischen 1829 und seinem Todesjahr 1847 hielt sich Mendelssohn insgesamt zehn Mal in England auf, komponierte dort einige seiner bedeutendsten Werke und beherrschte auch die Landessprache. Als Pianist, Komponist und Dirigent war er auf der Insel eine echte Berühmtheit und bewegte sich in den ersten gesellschaftlichen Kreisen. Shirley hielt es keineswegs für abwegig, dass der 23-jährige Jungstar im Jahr 1832 auch dem Schloss des Baronet de Fort einen Besuch abgestattet hatte.

Zudem war es verbürgt, dass Mendelssohn gelegentlich kleine Kompositionen als Gastgeschenk mitbrachte oder sogar spontan ins Gästebuch notierte, ohne sich über deren Weiterverwendung Gedanken zu machen. Sollte der spätere Welthit *Yesterday* eine solche Miniatur aus der Feder des

Komponisten gewesen sein, die dieser mal eben aus dem Ärmel schüttelte, nur um sie gleich wieder zu vergessen?

Amüsiert registrierte Shirley anhand der im Internet zugänglichen Abbildungen, dass sich der junge Mendelssohn bezüglich Haar- und Kotelettenlänge nicht von den Beatles der Swinging Sixties unterschieden hatte. Und Paul McCartney war bei der Produktion von *Yesterday* 23 Jahre alt gewesen, genauso alt wie Mendelssohn bei der Komposition des *Song Without Words*.

Als Shirley am Montagmorgen zur Arbeit erschien, stand ihr Entschluss fest: Sie würde die Sache auf sich beruhen lassen und das Geheimnis über die tatsächliche Herkunft der Melodie von *Yesterday* für sich bewahren.

Das ganze Wochenende über hatte sie verschiedene denkbare Szenarien durchgespielt:

Szenario 1: Shirley würde zunächst versuchen, Paul McCartney persönlich über ihren Fund zu informieren und seine Reaktion abwarten. Doch selbst im wenig wahrscheinlichen Fall, dass sie direkt zu Paul durchdringen würde: Wie sollte sich dieser wohl verhalten? Etwa eine öffentliche Beichte ablegen und die Hälfte seiner Einnahmen aus den Tantiemen des Songs für karitative Zwecke spenden? Oder, im Gegenteil, Shirley das kompromittierende Notenblatt abkaufen und Schweigegeld anbieten? Einmal ganz davon abgesehen, dass Paul wohl alle juristischen Mittel eingesetzt hätte, um den Plagiatsverdacht zu entkräften: Wer garantierte Shirley überhaupt, dass es sich bei besagter Kladde am Ende nicht doch um eine geschickte Fälschung handelte?

Szenario 2: Shirley würde sich mit den noch existierenden Nachkommen Mendelssohns in Deutschland oder sonst irgendwo auf der Welt in Verbindung setzen und ihnen die

Komposition ihres berühmten Vorfahrs übergeben. Zu ihrem Erstaunen hatte sie herausgefunden, dass Mendelssohns jüngste Tochter Lili erst im Jahr 1910 gestorben war – zu diesem Zeitpunkt war Paul McCartneys Vater Jim immerhin schon acht Jahre alt gewesen. Der Nachteil dieser Variante: Falls sich die Mendelssohn-Version nach wissenschaftlicher Prüfung als haltbar erweisen sollte, würde Shirley von der britischen Boulevard-Presse zum Freiwild erklärt werden. Sie sah schon mit Schaudern die entsprechenden Berichte in der *Sun* und im *Daily Mirror* vor sich, jeweils mit einem extrem unvorteilhaften Foto ihrer Person garniert: *Englands hässlichste Archiv-Maus verscherbelt Kronjuwelen gegen Bratwürste an Krauts,* stand da zu lesen, oder: *Obersturmklangführer Mendelssohn: Liefert uns Paul McCartney aus oder wir bomben euch in die Hölle!* Alles nicht sehr verlockend, dachte Shirley.

Szenario 3: Shirley würde das Nächstliegende tun und das Gästebuch nach Rücksprache mit ihren Vorgesetzten an die Familie de Fort zurückgeben, vielleicht mit dem Hinweis, das kleine Musikstück auf Seite soundso erinnere ein wenig an *Yesterday* von den Beatles. Dann wäre sie aller Verantwortung enthoben und aller möglichen Scherereien auch. Aber auch für diesen Fall galt: Eines Tages würde irgendwer den Spuren von *Yesterday* anhand des Gästebucheintrags nachgehen und zu den gleichen Ergebnissen kommen wie sie. Und dann wäre der Mythos Beatles, wenn auch ohne ihr direktes Zutun, beschädigt. Das musste, das durfte nicht sein!

Shirley entschied sich dafür, das Gästebuch entweder komplett zu beseitigen oder wenigstens die Seite mit dem Notenblatt zu entfernen: Das Genie Paul McCartneys, die Einzigartigkeit der Beatles, der Beitrag Englands zur Weltmusikgeschichte sollten unangetastet bleiben. Darauf hatte die Menschheit ein Anrecht und sie, Shirley Smith, hatte sowohl die Gelegenheit als auch die Pflicht, diesen Anspruch zu gewährleisten.

Was sie letztendlich mit den Noten machen würde, hatte sie noch nicht entschieden. Das endgültige Sortieren und Archivieren von Sir Edwards Nachlass konnte Wochen dauern und so lange würde sie das Gästebuch in ihrer Wohnung aufbewahren. Danach würde sie weitersehen.

Dennoch konnte es sich Shirley in den folgenden Tagen nicht verkneifen, ein wenig in der Familiengeschichte der de Forts herumzustochern, was im Stadtarchiv von Chester eine der leichteren Übungen war. Tatsächlich fand sie heraus, dass zur fraglichen Zeit ein Baronet Charles de Fort Familienoberhaupt gewesen war und dass dieser eine Tochter namens Christabel hatte, die im Jahr 1832 gerade mal 17 Jahre alt war. Eine amouröse Begegnung mit dem jungen Mendelssohn lag keineswegs außerhalb jeder Vorstellungskraft. Leider fand Shirley aber keine konkreten Hinweise auf eine eventuelle Bekanntschaft Mendelssohns mit der Familie de Fort noch für ein direktes Zusammentreffen auf deren Schloss in Chester.

Dafür machte ein Schriftbild-Vergleich von Mendelssohn-Autographen im Internet dessen Urheberschaft an der kleinen Komposition im Gästebuch immer wahrscheinlicher.

Shirley befand sich die ganze Woche über in einem seltsamen Schwebezustand zwischen Erleichterung und banger Aufregung. Einerseits genoss sie das Gefühl, durch bloßes Nichtstun dafür sorgen zu können, dass alles beim Alten – und somit gut – blieb. Auf der anderen Seite war sie durch Zufall hinter ein zwar nicht eben dunkles, aber doch großes Geheimnis gekommen und dieses Wissen, das sie schlechterdings mit niemandem teilen konnte, irritierte sie – zumal die Entscheidung über das endgültige Schicksal des Notenblatts allmählich näherrückte. In diese merkwürdige Stimmung hinein platzte ein Anruf von Baronet George de Fort.

„Ich habe ein etwas delikates Anliegen an Sie und ich hätte sogar ein gewisses Verständnis, wenn Sie Nein sagen würden“, meinte Sir George. „Mein Sohn Dennis hat Ihnen doch vergangene Woche den Nachlass meines verstorbenen Vaters Edward de Fort vorbeigebracht, richtig? – Nun, ich würde mich gerne mit Ihnen in dieser Angelegenheit treffen – hätten Sie vielleicht morgen Vormittag Zeit?“

Shirley hatte, denn morgen war Samstag.

„Ich schlage vor, dass ich Sie mit meinem Wagen gegen 10 Uhr am Westminster Park, Eingang Selkirk Drive, abhole – einverstanden? – Ja, und noch etwas: Bitte behandeln Sie unsere Verabredung diskret. Außer uns beiden braucht niemand davon zu wissen.“

„Schön, dass Sie sich für mich Zeit genommen haben“, sagte Sir George, als Shirley am nächsten Morgen am vereinbarten Ort in seinen Wagen stieg.

Sie hatte den ganzen gestrigen Freitag und noch dazu die halbe Nacht damit zugebracht, darüber nachzugrübeln, was der Baronet wohl von ihr wollte.

Hatte er etwa am Ende in puncto *Yesterday* Lunte gerochen? Nein, das war praktisch ausgeschlossen. Wahrscheinlich ging es um das Gästebuch als Ganzes, vielleicht auch um den Brief von Admiral Nelson, an den sich ein Familienmitglied oder Sir George selbst erinnert hatte, und der dem Zugriff der Öffentlichkeit wieder entzogen werden sollte. Jedenfalls war Shirley aufgrund eines diffusen Schuldbewusstseins beunruhigt und ärgerte sich überdies darüber, dass sie ohne Zögern und Nachfrage auf Sir Georges Bitte eingegangen war.

„Ich muss mich zunächst für meine Geheimniskrämerei entschuldigen", sagte der Baronet, „aber wenn ich Ihnen mitteile, weshalb ich Sie treffen wollte, werden Sie verstehen. Und solange wir beide hier im Regen herumfahren, kann kein Mensch unsere Unterhaltung belauschen."

Sir George lachte schelmisch-vergnügt vor sich hin. Überhaupt machte er einen weit weniger dünkelhaften und großkotzigen Eindruck als sein Sohn.

„Es ist Ihnen vielleicht aufgefallen, dass in unserer Familie der Sinn für historische Erinnerungsstücke nicht besonders stark ausgeprägt ist", fuhr Sir George fort. „Das gilt ganz besonders für meinen Sohn Dennis – ein aufgeblasener Snob, nicht wahr?"

Shirley gab sich Mühe, ihre Zustimmung nicht allzu deutlich zum Ausdruck zu bringen.

„Nun denn!", gluckste Sir George. „Man kann nicht vorsichtig genug bei der Wahl seiner Familie sein, nicht wahr?"

Shirley ging nicht davon aus, dass Sir George auf eine Antwort wartete, und tatsächlich kam dieser gleich zur Sache:

„Sie wissen wahrscheinlich besser als ich, dass Queen Victorias legendärer Premierminister Benjamin Disraeli vor seiner Laufbahn als Politiker eine erfolgreiche Karriere als Bestseller-Autor hinter sich hatte. Gleich sein erster Roman *Vivian Grey* machte ihn berühmt – das war 1827 und da war der gute Disraeli erst 22 Jahre alt."

Shirley gestand, dass sie zwar über Disrealis schriftstellerische Aktivitäten Bescheid wusste, aber weder *Vivian Grey* noch ein anderes Werk aus seiner Feder gelesen hatte.

„Macht nichts – ich auch nicht!", lachte Sir George schallend. „Und ehrlich gesagt interessiert mich dieser alte

Schmonzes auch überhaupt nicht. Aber ich weiß, dass es sich bei *Vivian Grey* um einen satirischen Gesellschaftsroman über die damalige Upper Class handelt. Und da gehörte die Familie de Fort nun mal dazu."

„Ich fürchte, ich verstehe immer noch nicht ...", stotterte Shirley.

„Ach – hatte ich das noch nicht erwähnt?", beeilte sich Sir George. „Es heißt, dass Disraeli den damaligen Baronet Charles de Fort persönlich kannte und in seinem Roman als ein besonders widerwärtiges Exemplar der Aristokratie porträtiert hat – natürlich unter verändertem Namen."

Charles de Fort? Der Vater von Christabel, der Mendelssohn ein Lied ohne Worte gewidmet hatte? Shirley wurde zunehmend unbehaglich zumute.

„Sie müssen wissen, dass nicht alle in unserer Familie so amusisch veranlagt sind wie mein Sohn und ich", erklärte Sir George weiter. „Ich hatte beispielsweise einen jüngeren Bruder, Francis de Fort, der sich weder um das Geschäft kümmerte, noch – was die einzige akzeptable Alternative gewesen wäre – eine Militärlaufbahn anstrebte. Er war, wie man so sagt, von Beruf Sohn und spielte schon von Jugend an den dekadenten Dandy: immerzu im Gefolge von Künstlern, Schauspielern, Musikern, in den Sixties in San Francisco, in den Seventies auf Ibiza, in den Eighties in New York, wo er schließlich an Aids gestorben ist. Er interessierte sich für Literatur und Musik, war schon 1963 mit den Beatles ganz dicke, kannte Leonard Bernstein und hing später mit Leuten wie Andy Warhol und Truman Capote herum – absolut nicht meine Welt, Sie verstehen?"

Shirley verstand – nicht jedoch, worauf der Baronet eigentlich hinauswollte.

„Francis hat schon als Kind lieber mit Büchern als mit

vaffen oder Fußbällen gespielt“, sagte Sir George hat sich damals tagelang in der Familienbibliongetrieben. Dort fand er ein Gästebuch aus dem 19. Jahrhundert, für das sich sonst niemand mehr interessierte. Und eines Tages hat er mir einen Eintrag gezeigt: *An author who speaks about their own books is almost as bad as a mother who speaks about her own children.* Wir haben uns über die schiefe Grammatik halb totgelacht und erst recht über die Namensunterschrift: *Shylock Holmes.*“

„Sherlock Holmes?“, hakte Shirley skeptisch nach.

„Nein, nicht Sherlock, sondern Shylock“, betonte Sir George. „Und jetzt kommt’s: Erst vorgestern habe ich dieses Zitat zufällig wieder im Fernsehen gehört, sprachlich genauso falsch wie in unserem alten Gästebuch. Und es wurde keinem anderen als Benjamin Disraeli zugeschrieben!“

„Und jetzt?“

„Jetzt kommt meine eigentliche Bitte an Sie. Ich weiß nicht, ob mein Bruder dieses Gästebuch irgendwann mit ins Ausland genommen hat oder ob es im Familienbesitz verblieben ist. Wie gesagt, die de Forts haben wenig Sinn für diese Sachen. Aber falls Ihnen im Nachlass des alten Sir Edward etwas in der Richtung auffallen sollte: Könnten Sie vielleicht eine Ausnahme machen und mir dieses Blatt heraustrennen? Ich weiß, dass wir rein rechtlich gesehen nach der Aushändigung ans Stadtarchiv keinen Anspruch mehr darauf hätten, aber wenn sich herausstellen sollte, dass „Shylock Holmes“ ein Pseudonym für Benjamin Disraeli war, hätte ich den Wisch doch ganz gern hinter Glas im Empfangsraum meiner Firma hängen – ginge das?“

„Ich werde sehen, was ich tun kann“, meinte Shirley ein wenig ratlos. „Aber versprechen will ich Ihnen nichts.“

„Schon klar“, sagte Sir George zufrieden. „Vielleicht noch

ein Hinweis: Wenn mich nicht alles täuscht, war der Shylock-Holmes-Eintrag im Gästebuch auf die Rückseite eines Notenblatts geschrieben. Leider kann ich keine Noten lesen – Francis konnte auch das."

„Ich schlage vor, dass wir uns gleich morgen früh wiedersehen", antwortete Shirley hastig. „Am besten wieder am Parkeingang."

„Umso besser", meinte Sir George. „Ginge es vielleicht schon gegen acht? Ich bin nämlich vorher auf der Jagd."

Als Shirley nach der Unterredung mit George de Fort nach Hause gekommen war, hatte sie sich als erstes das Gästebuch vorgenommen und dort ihre Ahnung bestätigt gefunden: Ausgerechnet auf der Rückseite von Mendelssohns Lied ohne Worte stand das Bonmot dieses mysteriösen Shylock Holmes, den Sir George für den großen Benjamin Disraeli hielt. Den Rest des Tages verbrachte Shirley am Computer.

Das Zitat als solches war vielfach im Internet verbreitet und der falsche Satzbau – „ein Autor, der sich über ihre eigenen Werke auslassen, ist beinahe so schlimm wie eine Mutter, die über ihre eigenen Kinder spricht" – war eine von Disraelis typischen Eigenheiten. Solözismus lautete der wissenschaftliche Fachbegriff für solchen sprachlichen Murks und Disraeli war für derartige Formulierungen geradezu berüchtigt gewesen.

Der Name Shylock war nicht weiter schwer zu entschlüsseln: Shylock hieß der durch Erniedrigung und Zurücksetzung bösartig gewordene jüdische Geldverleiher in Shakespeares *Kaufmann von Venedig* und Disraeli selbst entstammte einer aus Italien zugewanderten jüdischen Mittelstandsfamilie, der der gesellschaftliche Aufstieg nicht zuletzt aufgrund ihrer Herkunft verschlossen blieb.

Schwieriger war der Namensbestandteil Holmes zu deuten. Nach längerer Recherche kam Shirley zum Schluss, dass die Namensanregung wohl auf den 1809 geborenen amerikanischen Arzt und Dichter Oliver Wendell Holmes zurückging, der 1830 mit einem patriotischen Gedicht Aufsehen erregt hatte, das das geplante Abwracken der Fregatte *USS Constitution* angriff und letztlich auch verhinderte. Stand ‚Shylock' für Disraelis Selbstidentifikation mit dem unterprivilegierten Juden, so mochte ‚Holmes' als Chiffre für das ohne Klassen- und Religionsschranken verfasste Amerika gesehen werden.

Eine halbe Flasche Scotch später hatte sich Shirley ihre Sicht der Dinge zurechtgelegt:
1832 war der junge Felix Mendelssohn als Gast im Schloss des Baronets Charles de Fort gewesen und hatte für die von ihm bewunderte, vielleicht auch begehrte Tochter des Hauses, die 17-jährige Christabel, ein von ihm komponiertes Lied ohne Worte ins Gästebuch geschrieben.

Bald darauf verkehrte auch der junge Erfolgsschriftsteller Benjamin Disraeli im Hause de Fort. Auf Nachfragen oder auch Vorhaltungen, ob er etwa den Hausherren Sir Charles in einem satirischen Roman karikiert habe, war der Autor auf das bekannte, in dem für ihn typischen eigenwilligen Sprachduktus formulierte Zitat ausgewichen, das er unter dem hintersinnigen Pseudonym Shylock Holmes im Gästebuch verewigt hatte – zufälligerweise auf die Rückseite von Mendelssohns Komposition.

Über 130 Jahre später war der kunstsinnige Baronet Francis de Fort mit den am Anfang ihrer Weltkarriere stehenden Beatles in Kontakt gekommen. Und weiß der Teufel wie: Auf die eine oder andere Weise musste Francis die kleine

Melodie Mendelssohns aus dem Gästebuch seines Urahnen dem Beatle Paul McCartney zu Gehör gebracht haben, der sie ohne Wissen und Absicht plagiierte und zum Welthit *Yesterday* ausarbeitete.

Somit hatte Shirley jetzt nicht nur eine dreifache Sensation aufgedeckt, sondern auch gleich noch den Schlüssel zur Lösung der damit einhergehenden Probleme in der Hand. Sollte sie ihn einfach ins Schlüsselloch stecken und umdrehen?

Sir George empfing Shirley am nächsten Morgen etwas unwirsch. Er hatte kein Jagdglück gehabt und war desto mehr auf die Ergebnisse von Shirleys Nachforschungen gespannt. Bei Shirley war der ungewohnte Genuss einer halben Flasche Whisky nicht folgenlos geblieben.

„Können wir vielleicht irgendwo ans Meer fahren – mir ist nicht wirklich gut", bat sie.

„Wenn Sie mir gute Nachrichten bringen, zeige ich Ihnen den schönsten Abschnitt der Küste zwischen Caenarfon und Liverpool", meinte Sir George gönnerhaft.

Sie fuhren über eine kurvenreiche, Shirleys Allgemeinbefinden nicht eben zuträgliche Strecke auf eine kleine Anhöhe, die über zerklüftete Felsen etwa 15 Meter tief zum Meer abfiel – eine für diese Gegend seltene Küstenformation.

„Na, zu viel versprochen?", fragte der Baronet jovial. „Solche Stellen sind natürlich für gewöhnliche Sterbliche unzugänglich."

Er schien Shirley heute entschieden großspuriger und auch herablassender als bei ihrem gestrigen Gespräch. Indessen tat ihr die frische Seeluft gut. Sie trat bis weit vor an die Felskante, schaute in die Brandung und atmete tief ein und aus. Sonntagmorgen. Kein Mensch zu sehen, so weit das Auge reichte.

„Okay, schönes Fleckchen Erde – das weiß ich selber", sagte Sir George ungeduldig. „Jetzt aber mal Butter bei die Fische: Was haben Sie in Sachen Disraeli herausgefunden?"

„Butter bei die Fische!", wiederholte Shirley fröhlich, zog die Kladde mit dem Zierdeckel aus ihrer Handtasche und hielt sie über die äußerste Felskante hinaus in die raue Meeresbrise.

Amüsiert sah sie, dass Sir George mit großen Sprüngen und aufgeregten Gesten auf sie zu rannte. Er konnte ja nicht wissen, dass Shirley keineswegs das Gästebuch, sondern ihn selber von der Klippe zu werfen gedachte.

Eigentlich müsste ich jetzt an Paul schreiben und ihm erzählen, was ich für ihn getan habe, überlegte Shirley, als sie das aus dem Gästebuch herausgetrennte Blatt mit Mendelssohns *Song Without Words* und Disraelis Autograph ins Kaminfeuer warf. Das Schicksal hatte ihr eine Entscheidung abverlangt und sie hatte sich für England entschieden – aber: Sir Paul durfte nie erfahren, dass er gar nicht der eigentliche Komponist von *Yesterday* war!

Sie war der einzige Mensch auf der Welt, der die Wahrheit kannte – und von dieser Seite aus drohte nun keine Gefahr mehr, zumal soeben das einzige und somit letzte Beweisstück in Flammen aufging.

Was aber, wenn sie eines fernen Tages vielleicht doch schwach werden sollte, ihr Geheimnis unter Folter oder Drogen, aus Hybris oder als Liebesbeweis trotz allem preisgeben würde? Hatte Paul McCartney, hatte die Musikgeschichte, hatte der Mythos Beatles das verdient? Konnte sie es überhaupt vor sich selbst verantworten, als potentielles Sicherheitsrisiko, gleichsam als tickende Zeitbombe weiterzuleben?

Am Abend stand Shirley auf der Klippe, an der George de Fort vor wenigen Tagen den Tod gefunden hatte, und schaute nach Westen in die Sonne, die rotgolden in der Irischen See versank.

‚*Close your eyes and think of England!*' – mach die Augen zu und denk an England! – das war der Rat, den Mütter in den Zeiten von Queen Viktoria ihren Töchtern vor der Hochzeitsnacht mitgegeben hatten, wahrscheinlich auch die Mutter von Christabel de Fort, als diese irgendeinem ältlichen Viscount oder Knight die Hand zum Ehebund reichte.

Diesen Rat konnte Shirley nun, zum ersten und einzigen Mal in ihrem Leben, gebrauchen.

Now I need a place to hide away – oh, I believe in yesterday.

Wem, wenn nicht ihr, so Shirleys letzter Gedanke, standen diese Zeilen als berühmte letzte Worte zu?

The Ballad of John and Yoko (Lennon/McCartney)

Wir standen am Hafen von Southampton und versuchten, rüber nach Holland oder Frankreich zu kommen.
Der Herr im Regenmantel sagte: „Sie müssen umkehren!" – die haben uns einfach keine Chance gelassen.
Jesus, man hat's nicht leicht und du weißt selbst am besten, was das bedeutet!
Wenn's so weitergeht wie bisher, werden sie mich am Ende kreuzigen!
Schließlich erwischten wir einen Flieger nach Paris, wollten die Flitterwochen an der Seine verbringen.
Peter Brown rief an und sagte: „Jetzt klappt's endlich! Ihr könnt in Gibraltar drunten bei Spanien heiraten."
Wir fuhren von Paris nach Amsterdam ins Hilton-Hotel, um eine Woche vom Bett aus Pressekonferenzen abzuhalten.
Die Journalisten fragten: „Sagt mal, was macht ihr da eigentlich im Bett?"
Und ich antwortete: „Wir versuchen nur, ein wenig zur Ruhe zu kommen."
Soll man das Geld für schlechte Zeiten aufsparen oder besser das letzte Hemd für wohltätige Zwecke weggeben? Gestern Abend meinte meine Frau: „Denk dran, Junge: Wenn du tot bist, nimmst du nichts mit außer deiner Seele!"
Wir machten einen Kurztrip nach Wien und aßen dort in einen Sack gehüllt Sachertorte.
In der Zeitung stand: „Sie hat von seinem Geist Besitz ergriffen" und „Sie sehen aus wie zwei Gurus im Abendkleid".
Wir nahmen die Frühmaschine zurück nach London, starteten die Aktion „50 Eicheln in einem Säckchen", um Bäume für den Frieden zu pflanzen.
Die Presse schrieb: „Viel Erfolg für euer Projekt! Schön, dass ihr wieder da seid!"

Die Ballade von Johannes

The newspapers said, „She's gone to his head,
They look just like two gurus in drag."
(John Lennon)

1.

Sie werden mich kreuzigen. Na und? Das haben sie mit anderen auch schon gemacht. Vor meiner Zeit. Ist das gerecht? Sie glauben, ich hätte das alles aus Eigennutz getan. Da glauben sie falsch. Würden sie richtig glauben, so würden sie richtig leben. Richtig leben heißt intensiv lieben – und erkennen, dass manche Dinge einfach geschehen, geschehen müssen. Leben ist unberechenbar. Genauso wie der Tod. Oder das Sterben. Kommt oft unverhofft. Gibt es viele Beispiele dafür. Ich kann ja mal eins nennen. Nehmen wir irgendeine Stadt in Deutschland. Sagen wir Bielefeld. Wer kennt schon Bielefeld? Ich kannte es jedenfalls nicht. Das heißt, irgendwie war da was mit Fußball, Arminia oder so.

Das änderte sich schlagartig 2008. Als ich las, dass die Hohepriesterin dort ihren Hokuspokus veranstalten wollte, musste ich da unbedingt hin. Klar, wo ich so viele Jahre auf eine Begegnung mit ihr gewartet hatte. Gewartet ist die Untertreibung des Jahrhunderts. Ersehnt, erbeten, erfleht, erbettelt. Alles was ich tat, war darauf abgezielt. Tag und Nacht geschuftet, Geld zusammengerafft, um nach New York fliegen zu können. Obwohl ich drei Wochen lang alles Mögliche dort anstellte, hatte ich sie nicht getroffen. Genauso erging es mir in Alicante. Den totalen finanziellen Kollaps verursachte jedoch Tokio. Vergebens. Die Hohepriesterin entzog sich mir. Ob sie es ahnte?

Ich habe mich noch gar nicht vorgestellt. Gestatten: Mein

Name ist Johannes. Ich bin 45 Jahre alt, ledig, keine Kinder, bei der Barmer Ersatzkasse versichert und Verkäufer im Media-Markt. Das erst seit kurzem, also nicht das Ledige, keine Kinder und Krankenkasse und so, ich meine den Job beim Elektronik-Mega-Store. Seitdem ich dort arbeite, komme ich mir wie mein eigener Großvater vor. Alle anderen Angestellten sind mindestens 20 Jahre jünger – im Schnitt.

Was den weiblichen Aspekt betrifft, gibt es da ja einige Lichtblicke, aber mehr so Papa-Tochter-mäßig. Ich kenne mittlerweile sämtliche Liebeskummergeschichten unserer Girlies. Fragen mich um Rat. Mich, der sein ganzes Leben einer einzigen Frau hinterherläuft. Von dem wollen sie wissen, was Liebe ist. Null Ahnung. Aber ich tu halt so. Kommt ganz gut an. Vor allem die kleine Miyu mit ihren Schlitzaugen, ihrer zierlichen Figur und der piepsigen Stimme. Die glaubt mir. Kommt immer brav an, setzt sich neben mich, manchmal nimmt sie sogar meine Hand. Ich weiß nicht, ob die was von mir will. Ist mir wurscht. Wenn ich sie brauche, werde ich es schon zeigen. Denn die einzige Frau, auf die es in meinem Leben ankommt, liebe ich nicht. Das steht fest …

Wo war ich stehen geblieben? Ach, ja. Bei meiner Vorstellung. Ich hatte auch mal Eltern. Den Vater etwas länger, so 10 bis 15 Jahre lang, bis er dann im Suff sein Auto um irgendeinen Baum gewickelt hat, auf irgendeiner Allee in irgendeiner Stadt. Flutsch, weg war er. Nicht schade drum … *Father, you left me, but I never left you.*

Die Mutter war etwas kürzer in meinem Leben geblieben, genau vier Jahre, drei Monate und fünf Tage. Ich weiß es so genau, weil es von ihrem letzten Tag ein Foto gibt. Es war ein Freitag, um genau zu sein, der 21. März 1969. Papa hat den Schnappschuss gemacht. Mama sitzt am Küchentisch. Im Nachthemd, dessen obere zwei Knöpfe offen stehen.

Zerzauste Haare, und sie lächelt glücklich. Porzellankaffeekanne mit Tropfschutzzotte, eine Dose Bärenmarke mit zwei Löchern drin. Vor ihr ein Holzbrettchen, ein aufgeschnittenes Brötchen liegt darauf, offenbar mit Butter und Marmelade beschmiert. Daneben die Tageszeitung. Aufgeschlagen, Seite 16 und 17. Das ist auf dem Foto natürlich nicht zu erkennen. Aber ich habe das Bild vergrößern lassen, mehrere Blow-ups gemacht, wie der Fachmann sagt. Wie in dem Film mit der süßen Vanessa Redgrave. Nur steht da keiner mit einer Pistole und eine Leiche liegt da auch nicht. Noch nicht. Mich hat die Zeitung interessiert, Datum und Seitenzahl. Die konnte man dann deutlich erkennen. Warum ich das gemacht habe? Ist doch klar, oder? Zehn Minuten später fällt Mama nämlich tot vom Stuhl. Herzschlag. So hat man das damals genannt, heute nennt man es Herzinfarkt. Ich persönlich finde die alte Bezeichnung treffender. Das Herz schlägt ja das ganze Leben lang. Einmal kurz, einmal lang. Bum bumm, bum bumm. Und irgendwann kommt dann der finale Schlag. Bumm! Und aus. Mama war 24, ich sitze neben ihr. Papa macht das Foto, setzt sich. Mama blättert die Zeitung um. Guckt hinein. Schaut hoch. Riesige Augen, blickt zu mir, reißt den Mund auf – der finale Schlag – plumps, fällt sie vom Stuhl. Ende mit Leben, Ende mit Mama … *Mother, you had me, but I never had you …*

Jetzt können Sie sich vorstellen, warum dieses Foto für mich was ganz Besonderes ist. Ich bin später sogar, ich war so 16, 17 Jahre alt, extra ins Archiv dieser Tageszeitung gegangen und habe mir das Exemplar von diesem Tag kopieren lassen. Ich musste unbedingt wissen, was die letzten Worte oder Bilder waren, die meine Mama in ihrem Leben gelesen oder gesehen hatte. Klar, musste ja Seite 18 und 19 sein. Ich habe die Kopien hier neben mir liegen. Über der Seite 18 steht fett ‚Feuilleton', also die Seite, wo etwas über kulturelle Ereignisse steht …

Ich schweife ab. Ich wollte doch von meiner Hohepriesterin erzählen und von Bielefeld. Natürlich bin dahingefahren, habe mich sogar mit dem Leichenwagen durch die Innenstadt fahren lassen. Hat mir damals nicht viel gebracht. Heute, wo sie mich bald kreuzigen werden, kann ich wenigstens sagen, meine letzte Fahrt im Leichenwagen wird nicht meine erste gewesen sein. Hat doch was! Natürlich habe ich mir auch den Film ‚Fly' angeschaut, die Katzenskulpturen und die blutigen Pumps. Zuletzt hängte ich noch einen Zettel mit meinen Hoffnungen an den Wunschbaum. Und das hat gewirkt. Denn kaum hing das Zettelchen am Ästchen, kam sie aus der Kunsthalle getrippelt, direkt auf mich zu. Wie klein sie war, in echt. Ihr schwarzes Gewand wehte um ihren Körper, eine große Sonnenbrille verdeckte die Augen.

Ich gehe ihr entgegen. Sie will zur Seite weichen. Ich verstelle ihr den Weg. Ziehe das Messer. Steche zu. Einmal. Zweimal. Dreimal. Schaut mich mit aufgerissenen Augen an. Entsetzt. Wie Mama. Sackt zu Boden, röchelt wie Mama. Ich laufe los …

2.

Sie werden mich kreuzigen. Manches im Leben kommt eben unverhofft. Ich kann da ein weiteres Beispiel anführen. Nehmen wir wieder eine Stadt, mal was Größeres. Sagen wir Berlin. Berlin kennt jeder. Bin ich natürlich gleich hingefahren, mit dem ICE, ging ganz flott. Das war im September. September ist so ein merkwürdiger Monat, finden Sie nicht auch? Irgendwie übergangsmäßig. Sommer? Noch Sommer. Herbst. Schon Herbst? Das ist der Monat, wo die Sonne dann für einen Tag genau über dem Äquator steht und exakt im Osten auf- und im Westen untergeht. Ja, ja, das ist so. Die geht nicht jeden Tag genau im Osten auf. Das reden wir uns ein, damit wir wenigstens ein bisschen Ordnung in unserem chaotischen Leben haben. *Like the moon and the stars and the sun.* Der neunte Monat im Jahr, der eigentlich der siebte heißt, damit fängt es ja schon an. Und was sieben alles bedeutet, wissen Sie ja selbst. Da ist zum Beispiel das Schneewittchen und die sieben Zwerge, Sieben auf einen Streich, sieben Tage hat Gott gebraucht, um die Welt zu erschaffen, ein Buch mit sieben Siegel, das verflixte siebte Jahr und so weiter und so fort … Und wer hat die sieben letzten Worte gesprochen? Volltreffer: Jesus Christ Superstar, als er schon am Kreuze hing … *Vater, vergib ihnen, denn sie wissen nicht was sie tun … Mein Gott, mein Gott, warum hast du mich verlassen …*

Also diesen Monat hat sich die Hexe, also die Priesterin, ausgesucht, um erneut ihren Hokuspokus zu veranstalten. Speziell für ‚Haunch of Venison', falls Sie das interessiert. Manche glauben tatsächlich, das sei Kunst. Irrglaube! Die sind nämlich nur geblendet von ihr, von dieser Zauberin. Genauso wie sie IHN damals geblendet hat, und ER daraufhin alles hingeschmissen hat, nur um ihr zu folgen … ach, Sie sind erstaunt, dass sie wieder am Leben ist, wo ich sie doch in Bielefeld …?

Ich sage doch, sie ist eine Hexe. Da reichen ein paar Messerstiche nicht aus. Hexen sterben und kommen dann irgendwann wieder auf die Erde zurück. Feiern unendlich viele Wiederauferstehungen, sozusagen. Aber so genau kenne ich mich mit diesem Kram auch nicht aus. Tatsache ist: In Bielefeld war sie tot und in Berlin hat sie wieder gelebt.

Zurück nach Berlin: Wenn Sie das sehen, lachen Sie sich

schief. *A Hole*, was auf Deutsch so viel wie ein Loch heißt, glaube ich, besteht aus einem Stück Glas mit einem Einschussloch in der Mitte und wird als eine zugleich fragile, aber auch brutal anmutende Skulptur angepriesen. Halleluja, kann ich da nur sagen. Wenn die wüssten, wessen Geschoss dieses fragile Loch verursacht hat. Hat aber sonst leider keinen weiteren Schaden angerichtet. Ganz anders die Kugeln damals, die auf IHN abgefeuert worden waren. Das hat diese Hexe nämlich heraufbeschworen … aber ist egal. Wen interessiert es schon, wer wen und warum jemand jemanden erschießt, ersticht oder vergiftet. Sie haben diese Ausstellung doch sicherlich auch besucht, wie ich Sie so einschätze – bestimmt, oder? Dann haben Sie auch gelesen, was unter diesem Loch mit Glas außenrum stand: ‚Gehen Sie auf die andere Seite der Glasscheibe und blicken Sie durch das Loch.' Genial, oder? Das ist Kunst! Wahre echte Kunst, was dann auch Kritiker sofort bewog, ihren Senf dazuzugeben: ‚Diese Anweisung fordert auf, beide Perspektiven, die des Aggressors sowie die des Opfers, einzunehmen, und somit zwei entgegengesetzte Standpunkte zu beziehen …' Gut, gut. Das wissen Sie ja alles schon. Kennen Sie auch das?

Ich will auf die Gewalt hinweisen, die überall in der Welt passiert. Ich bitte die Menschen, die in die Ausstellung kommen, ein Zeugnis einer persönlichen Gewalterfahrung mitzubringen, beispielsweise ein Foto oder einen Text, die an der Wand angebracht werden sollen. Im Obergeschoss der Galerie wird es hingegen einen Raum geben, in dem man einfach lächeln soll. Das Lächeln der Besucher wird auf Video aufgenommen und im Ausstellungsraum projiziert.

Ich hatte mein Bild dabei, Sie wissen schon, das aus der Zeitung von 1969. Das Zeugnis meiner persönlichen Gewalterfahrung sozusagen. Allerdings hatte ich den letzten

Satz leider nicht gelesen. Deshalb wurde es eine ganze besondere Performance für die paar Leute im Ausstellungsraum, als ich den Raum im Obergeschoss betrat und sie sofort erkannte.

Ich schleiche mich an. Auf leisen Turnschuhsohlen. Setze meine runde Nickelbrille auf. Streiche meine langen Haare aus dem Gesicht. Sie steht mit dem Rücken zu mir, lächelt in die Kamera. Sie ist ganz in Weiß, hält einen Blumenstrauß in der einen Hand. Weißer Hut, lange weiße Bluse, weiße Hose, weiße Schuhe. Diesmal trägt sie ihre langen schwarzen Haare offen, hängen hinab bis zum Po. Ich ziehe das Werkzeug aus meinem Rucksack. Es liegt gut in der Hand. Scharfgeschliffener Keil ... *be carefull with the axe* ... Ich hole aus. Mit einem Zisch saust das Beil auf ihren Kopf, spaltet ihn. Rot färbt Weiß, Blumen segeln zu Boden. Da liegt sie. Schaut mich mit aufgerissenen Augen an. Sie sieht ganz jung aus ... *You better get yourself together, pretty soon you're gonna be dead.*

3.

Sie werden mich kreuzigen. Na und? Habe ich Ihnen eigentlich schon aufgeschrieben, was meine Mama gesehen oder gelesen hatte, in der letzten Minute ihres Lebens? Sie wissen schon: Tageszeitung Seite 18. Nicht? Also, auf so einer Seite steht ja viel. Zum Beispiel eine Meldung, dass die Kultusminister der Bundesländer sich darauf geeinigt hatten, die in den einzelnen Ländern erworbenen Abiture grundsätzlich gegenseitig anzuerkennen. Oder ein Artikel über Peter Kraus, der drei Tage zuvor seinen 30. Geburtstag gefeiert hatte. Und rechts unter der Rubrik ‚Vermischtes' war ein Foto abgedruckt. Ein Mann und eine Frau. Beide lange Haare, er Lese-, sie Sonnenbrille. Er Bart, sie Hut. Er weißer

Rollkragenpullover, sie weißes Minikleid. Beide halten, jeder mit einer Hand, ein Dokument hoch: bei ihm in Bauchhöhe, bei ihr in Brusthöhe. Im Hintergrund sieht man Wasser und einen Felsen. Das Bild hatte mich sofort fasziniert, als ich es mir ausdrucken ließ. Und ich war mir sicher, dass das der Auslöser für den Herzstillstand meiner Mama gewesen war. Im März 1969 wusste ich es natürlich noch nicht. Später aber habe ich mir mein Wissen aus Erinnerungsfetzen zusammengesetzt. Denn meine Mama hatte IHN – den Typ auf dem Foto – vergöttert. Und die Frau gehasst. Wie oft hatte sie mir das erzählt. Diese Frau sei eine Hexe, sie habe nur Unglück über die Menschheit und besonders über die Musik gebracht. Sie habe IHN verhext. Man müsse sie beseitigen. Dazu kam sie nicht, aus bekannten Gründen.

Das war ganz schön knapp, da bei ‚Haunch of Venison'. War schön blöd von mir, vor laufender Kamera mein Werk zu verrichten. Also, ich habe es ja dann doch noch geschafft, mich rechtzeitig aus der Galerie und dann aus Berlin zu verdrücken. Seitdem wird bundesweit nach einem Mann zwischen 40 und 50 Jahren gefahndet. Er trage eine runde Nickelbrille, schulterlanges Haar und einen Vollbart. Sollen sie mal fahnden. Bis die mich hier im verschlafenen hessischen Landeshauptstädtchen aufstöbern, wird noch viel Wasser den Rhein hinunterfließen.

Apropos Landeshauptstadt. Kennen Sie Wiesbaden, diese Schickeria-Oase neben Frankfurt, zwischen Taunus und Rhein? Nicht? Sollten Sie aber unbedingt mal hinfahren. Nicht wegen der warmen Quellen, die da aus dem Boden sprudeln und deren Wasser wie eingeschlafene Füße schmeckt. Auch nicht wegen des rammdösigen Nachtlebens und schon gar nicht, weil dort sowohl das Bundes- als auch das Landeskriminalamt ansässig sind. Nein, hier hat doch

der ganze Hokuspokus seinen Anfang genommen. Und zwar genau am 1. September 1962. Im Museum gab es die erste FluXus-Veranstaltung weltweit. Sagt Ihnen FluXus etwas, nicht Luxus, das kennt ja jeder oder strebt zumindest danach? Nein, FluXus. Wiesbaden ist das reinste Nest dafür … *FluXus ist der zweite elementare Angriff auf das Kunstwerk, das im herkömmlichen Sinn negiert wurde und als bürgerlicher Fetisch galt. Was zählte, war die schöpferische Idee …* Da gibt es sogar eine Schule und ein Stipendium. Nicht zu fassen! Wissen die Wiesbadener überhaupt, welchen Wahnsinn sie da hegen und pflegen? Sicher nicht.

Wie bin ich da jetzt eigentlich darauf gekommen? Ach ja, weil Wiesbaden die nächste Station war, wo ich hin musste. Dort war sie nämlich auch erschienen. Im Dezember, anlässlich einer Ausstellung. Diesmal hatte ich mir überlegt, ob die Hohepriesterin der FluXus-Bewegung nicht durch Feuer auszulöschen sei. Einen Kanister Benzin drüberschütten, Streichholz anreiben, und flutsch würde sie in Flammen aufgehen, würde niederbrennen, bis nur noch ein elendes Häufchen Asche übrig bliebe. Dann hätte es ein Ende mit dem Zauber, und der Frevel, den sie an der Musik begangen hat, wäre gesühnt. Also immer einen kleinen Vorrat an Benzin im Rucksack tragen …

Kleine Miyu. Deine zarten Finger auf meiner rauen Haut. Dein langes schwarzes Haar. Deine Eltern aus Japan, du in Deutschland geboren. Du armes Mädchen, weißt nicht, wohin du gehörst. Siehst so fremd aus und bist so heimisch. Du gestehst mir, dass du mich magst. Ich fühle mich geschmeichelt, kleine Miyu. Willst etwas mit mir unternehmen. Heute Abend. Nach Dienstschluss. Etwas essen, tanzen vielleicht oder einfach nur reden. Ich werde warten auf dich. Vor dem Personalausgang.

20 Uhr. Der Elektronik-Mega-Store hat gerade geschlossen. Ich habe Feierabend und warte vorm Ausgang. Ich zünde mir mit dem Zündholz die Zigarette an. Blase den Rauch in den Himmel. Es ist schon dunkel und bitterkalt. Mich fröstelt. Da kommt sie! Aus der tiefen Dunkelheit heraus trippelt sie vor, ins Licht. Auf mich zu. Zunächst verspüre ich nichts. Dann brandet es langsam auf. Langsam aber stetig. Sie kommt näher und ich erkenne, wer sie wirklich ist. Sie ist wiederauferstanden. Hat sich in einem noch jüngeren Körper versteckt. Sie sucht meine Nähe. Das ist neu. Vielleicht weiß sie – oder ahnt zumindest –, was mein Auftrag ist, was ich von ihr will. Kleine Miyu, du … *Mama don't go, Daddy come home* … Aus aller-, allertiefster Seele, wie ein Urschrei, bricht es aus mir hervor und ich erkenne sie. Sie ist es. Sie wollte mich, mich! Verführen. Die Mörderin meiner Mama. Wie kann ich nur so blind sein. Ihr Gang, ihre Augen, ihr falsches Lächeln. Oh, du Hexe. Du Zerstörerin. Willst du nun auch mich in deinen Bann ziehen? Nein. Du nicht! Was dir bei JOHN gelungen ist, wird dir bei mir nicht gelingen. Bei mir wirst du auf Granit stoßen … *The way things are going* … Mit deinen FluXus-Ideen, deinem Happening-Gedöns … *All we are saying* … und dem Gesabber über love and peace … *Give Peace a Chance* … kannst du mich nicht beeindrucken. Auch wenn du dich monatelang mit mir nackt ins Bett legen würdest und die ganze Welt uns zuschauen würde … *The newspapers said, say what you're doing in bed?* …

Oh, Yoko – no! Du nicht. Schon zwei Mal hast du dich getarnt, hast dich in anderen Körpern versteckt. Ich weiß jetzt, dass man Hexen verbrennen muss.

Hier Benzin, Benzin, mehr und mehr und noch mehr. Ein Lichtlein brennt, erst eins dann zwei … dann ist alles vorbei.

Schade, kleine Miyu, mit deinen süßen Schlitzäuglein, deinem zierlichen Figürchen und dem piepsigen Stimmchen … *You don't take nothing with you but your soul – think!*

P.S.
Sie werden mich kreuzigen ... *They're going to crucify me …* Das ist gut so. Denn ich habe es auf mich genommen, die Menschheit von der Sünderin zu befreien. Nun werde ich in der Gewissheit sterben, etwas Gutes vollbracht zu haben. Wenn ich JOHN im Himmel treffe oder in welchem Nach-dem-Tode-Etablissement auch immer … *imagine there's no heaven …*, dann wird er mir in die Arme sinken und weinen. Weinen, weil ER so verblendet war. Weinen über die Einsicht, dass ER alleine Schuld daran hatte, dass die Beatles sich trennten. ER wird mir die Hand reichen, voller Dankbarkeit, dass ich ihn von dieser Hexe befreit und damit den Zauber von ihm genommen habe. Dann wird ER zu George gehen und ihn um Verzeihung bitten und zuletzt wird Mama kommen. JOHN wird vor IHR niederknien und um IHRE Hand anhalten … *You can get married in Gibraltar, near spain …* Dafür lohnt es sich, ans Kreuz genagelt zu werden. Meinen Sie nicht auch?

Beichtgeheimnis

I look to the world and I notice it's turning while my guitar gently weeps
With every mistake we must surely be learning – still my guitar gently weeps
(George Harrison)

„Lassen Sie uns gleich zur Sache kommen, Father: Kann man stellvertretend für jemand anderen die Absolution erbitten?"

„Gelobt sei Jesus Christus, mein Sohn. Komm erst mal zur Ruhe."

„In Ewigkeit. Amen. – Bitte, Father – meine Frage!"

„Die heilige Beichte ist ein Sakrament und kein Passbild-Automat, dessen Mechanik man für drei Minuten in Anspruch nimmt."

„Ich weiß, Father. Ich habe auch extra gewartet, bis alle anderen fertig waren. Ich bin heute ihr letzter Kunde!"

„Deine Wortwahl lässt mich vermuten, dass die Beichte nicht zu deinen regelmäßigen Verrichtungen gehört"?

„Sie haben es erraten, Father! Meine letzte Beichte war vor – nun, es muss so um 1980 herum gewesen sein, gleich nach meiner Firmung."

„Und wann hast du zum letzten Mal die Heilige Messe besucht?"

„Das ist erst ein paar Wochen her. Es war das Requiem für meinen Vater – und deswegen bin ich doch hier!"

„Nun, du bist wenigstens ehrlich. Aber wenn ich dich recht verstehe, bist du nicht gekommen, damit ich dich im Namen Gottes von deinen Sünden lossprreche, sondern du möchtest …

„…quasi … stellvertretend …"

„… für deinen Vater die Beichte ablegen. Mmh. – Eigentlich ein absurdes Anliegen, aber Gottes Wege sind bekanntlich unergründlich. Um welche Sünden handelt es sich denn?“

„Gilt denn schon das Beichtgeheimnis? Bitte, Father, das ist mir sehr wichtig!“

„Sei beruhigt, mein Sohn. Über das, was hier unter vier Augen besprochen wird, dringt kein Wort über meine Lippen nach draußen. – Nun?“

„Es … es … es geht um … Mord! Mein Vater hat einen Menschen getötet!“

„Um Gottes Willen! Wann ist diese Tat denn geschehen?“

„Das ist schon beinahe 50 Jahre her.“

„Und ich habe dich richtig verstanden – dein Vater ist erst vor Kurzem verstorben?“

„Ja, Father, die Beerdigung war vor ungefähr drei Wochen.“

„Und – warum hat sich dein Vater mit seiner schweren Schuld nicht selber in der Beichte Gott anvertraut? Ich meine – da war doch hinreichend Zeit, oder?“

„Sie haben ja so recht, Father! Und Sie müssen mir glauben: Mein Vater hat an dieser Schuld jahrzehntelang schwer getragen. Er wollte unbedingt noch vor seinem Tod sein Gewissen erleichtern – das hat er mir vor einiger Zeit selbst gesagt.“

„Und warum hat er es nicht getan?“

„Es ging nicht mehr. Er litt an Kehlkopfkrebs und war in den letzten Monaten nicht mehr imstande, ein verständliches Wort zu artikulieren – außer für mich, denn ich habe ihn bis zu seinem Tod gepflegt.“

„Ich muss zugeben, dass mich deine Aussage tief erschüttert! Weiß denn die Polizei von der Tat – oder ist dein Vater straffrei davongekommen?“

„Straffrei, Father? So etwas gibt es in so einem Fall nicht!

Mein Vater ist mehr als 40 Jahre lang durch die Hölle gegangen und ich möchte nicht, dass ihn am Ende der Teufel holt! Deshalb bin ich hier."

„Du bist sicher, dass nach dir keiner mehr draußen wartet?"

„Ganz sicher, Father. Wir haben Zeit – also, das heißt: Ich hab' Zeit ..."

„Nun denn: Bevor ich Gott um die Vergebung der Sünden bitte, muss ich die ganze Geschichte erfahren. Eine Frage noch: Weshalb bist du ausgerechnet zu mir in die Beichte gekommen?"

„Ich habe draußen am Beichtstuhl Ihren Namen gelesen und mir gedacht, dass Sie vielleicht auch aus Irland rübergekommen sind – so wie damals die Familie meines Vaters."

„Father McKenzie, ja, ja. Du glaubst gar nicht, wie viel Spott mir mein Name am Anfang eingebracht hat. Alles wegen diesem Beatles-Song – Eleanor Rigby, du kennst ihn."

„Father, es freut mich zu hören, dass Sie sich mit den Beatles auskennen …"

„Na, na – auskennen wäre vielleicht zu viel gesagt. Aber ich mag ihre Musik. Wieso ist das wichtig?"

„Also, dieser … diese Sünde, die mein Vater begangen hat, hängt unmittelbar mit den Beatles zusammen – sie wurde gewissermaßen durch die Beatles ausgelöst."

„Die Beatles als Hintermänner eines Mordes?"

„Nein, nein, Father, ganz falsch! Keiner der Beatles hat direkt etwas mit der Tat zu tun – wenn überhaupt, gehören sie zu den Opfern."

„Das klingt ja immer mysteriöser."

„Ich glaube, es ist alles viel weniger kompliziert, als es sich vielleicht anhört."

„Dann ist es jetzt wohl an der Zeit, dass du mich aufklärst. – Ich höre, mein Sohn!"

„Ich weiß gar nicht recht, wo und wie ich anfangen soll. –

Na gut: Wissen Sie, was eine Gibson J-160E ist?"
„Ich nehme an: eine Gitarre."
„Richtig, Father, ich sehe, dass es eine gute Entscheidung war, gerade zu Ihnen zu kommen. – Also, die Gibson J-160E war eine der ersten akustischen Gitarren, die mit einem funktionstüchtigen eingebauten Pickup-Mikrofon und Klangreglern ausgestattet war – sodass es auch im Zusammenklang mit elektrischen Instrumenten einer Rock'n'Roll-Band möglich war, den akustischen Gitarrenklang herauszuhören."
„Ich muss sagen, dass ich mich in diesem Beichtstuhl noch niemals über technische Details von Gitarren unterhalten habe, und ich hoffe, dass du einen triftigen Grund für deine Ausführungen hast."
„Das kann man wohl sagen, Father! Wegen dieser Gitarre wurde mein Vater zum Mörder!"
„Also ein Raubmord?"
„Nein, so einfach ist es dann doch nicht. Wir müssen ganz von vorn beginnen, im September 1962."
„Damals war ich zwei Jahre alt – und du noch nicht auf der Welt."
„Noch lange nicht, Father! Aber es gab schon die Beatles: noch keine Weltstars, aber in Liverpool ganz groß."
„Das hast du gelesen?"
„Das hat mir mein Vater erzählt, der dort aufgewachsen ist. In Liverpool lebten ja viele Iren, die rübergemacht haben. Auch Paul McCartneys Familie kam ursprünglich aus Irland."
„Wir waren im Jahr 1962 stehen geblieben."
„Richtig. Also im September dieses Jahres kauften John Lennon und George Harrison in Rushworth's Music House in Liverpool jeweils ein Exemplar dieser Gibson-Gitarre, die

man damals auch ‚Jumbo' nannte, weil sie einen so großen Korpus hatte."

„Du weißt aber wirklich sehr genau Bescheid."

„Ich arbeite als Verkäufer in einem Musikgeschäft und beschäftige mich schon aus rein beruflichen Gründen ..."

„Schon gut, mein Sohn, erzähl ruhig weiter."

„Diese beiden Gitarren wurden damals extra aus Amerika importiert – angeblich waren es die ersten in ganz England. Ein Stück kostete damals 161 Pfund, was eine ganz schöne Stange Geld war. Brian Epstein, der Manager der Beatles, musste sogar persönlich für die Ratenzahlung bürgen. Heute verkauft Gibson die J-160E für 3000 Dollar pro Stück!"

„Du bist ganz sicher, dass all diese Details für die Beichte wichtig sind?"

„Jedenfalls sind sie mir persönlich wichtig. Schließlich hängen sie eng mit dem Schicksal meines Vaters zusammen. – Diese Gitarren sind immer wieder auf den frühen Beatles-Aufnahmen zu hören, bei ‚Love Me Do' zum Beispiel. Und John und George spielten sie natürlich auch noch 1963, als es mit der Beatlemania losging."

„Das war aber dann nicht mehr in Liverpool, oder?"

„Nein, das war hier in London, wo die Beatles inzwischen hingezogen waren – schon wegen der Abbey Road Studios. Auch mein Vater war nach London übergesiedelt. Das hatte allerdings nichts mit den Beatles zu tun, sondern mit den besseren Arbeitsmöglichkeiten."

„Was war dein Vater denn von Beruf?"

„Er war gelernter Bäcker und Konditor und ausgerechnet das brachte ihn Ende 1963 in direkten Kontakt mit den Beatles, die er in Liverpool nur auf der Bühne gesehen hatte."

„Er hat für die Beatles gebacken?"

„Nicht direkt. Er arbeitete hier in London für ein Catering-

Unternehmen: Firmenfeiern, Empfänge und so – und im Dezember 1963 für das Finsbury Park Astoria Theater. Das war ein altes Kino aus den 30ern, das in den 60ern als Konzerthalle genutzt wurde und sich in den 70ern unter dem Namen Rainbow Theatre zu einem der wichtigsten Rocktempel der Stadt entwickelte. Jimi Hendrix hat dort zum ersten Mal eine Gitarre auf der Bühne verbrannt und Pink Floyd haben dort ihr berühmtes *The Dark Side of the Moon*-Album der Öffentlichkeit vorgestellt. Heute dient es einer Pfingstgemeinde als Versammlungsraum – da gibt's jetzt wohl nur noch Gospel."

„Bitte, mein Sohn, deine Musikbegeisterung in allen Ehren, aber wir wollten doch über die Tat deines Vaters sprechen!"

„Richtig, Father. Also: Zwischen dem 24. Dezember 1963 und dem 11. Januar 1964 führten die Beatles dort täglich eine Weihnachtsshow auf – das war so eine richtige Revue mit allem drum und dran. Es waren auch Gaststars dabei, wie zum Beispiel Cilla Black, die die Jungs aus Liverpool her kannten. Jedenfalls waren da viele hungrige Mägen hinter der Bühne und es herrschte ein entsprechendes Durcheinander."

„Und jetzt kommt dein Vater ins Spiel?"

„Genau. Der war unter anderem dafür zuständig, dass für die Künstler immer genug Sandwiches und Cookies bereitlagen, und deshalb hatte er Zugang zu allen Backstage-Bereichen einschließlich der Garderoben. Und eines Tages sah er, wie dort John Lennons Gitarren an einen Verstärker gelehnt herumstanden: seine elektrische Rickenbacker 325 Capri und eben der ‚Jumbo' – unbewacht, Sie verstehen, Father?"

„Ich gebe mir Mühe, aber verschone mich ab jetzt bitte mit Typennamen von Gitarren! – Dein Vater hat also …"

„Es war eine Mischung aus Liverpooler Lokalpatriotismus und Kleinkriminalität, man muss es wohl so sagen. Auf der einen Seite war mein Vater ein Beatles-Fan der ersten Stunde und betrachtete die Gitarre als eine Art Souvenir. Auf der anderen Seite dachte er schon an den möglichen Verkaufswert – er war halt ein armer Schlucker und bekam mit, was die Beatles und die anderen damals schon verdienten."

„Willst du dich etwa auf Gitarren-Diebstahl als besondere Form von Mundraub herausreden?"

„Keinesfalls, Father! Ich versuche nur zu verstehen, was in meinem Vater seinerzeit vorgegangen ist."

„Und was ist tatsächlich passiert?"

„Mein Vater – bitte, Father, er war damals erst 20! – also, er hat sich den ‚Jumbo' geschnappt und ist durch den Lieferanteneingang abgehauen. Und obwohl er sich das eigentlich nicht leisten konnte, hat er ein Taxi genommen, um so schnell wie möglich nach Hause zu kommen. Er hatte es nicht weit, weil er selbst da oben in Finsbury wohnte."

„Nun, das Taxi ist für den Tathergang ja wohl irrelevant, oder?"

„Warten Sie's ab, Father! – Mein Vater saß also jetzt mit der gestohlenen Gitarre zu Hause und las die Schlagzeilen und Berichte in der Boulevard-Presse. ‚Johns Gitarre im Londoner Nebel verschwunden', stand da, oder: ‚Beatles-Roadie Malcolm Evans: Als ich John die Hiobs-Botschaft überbrachte, hätte er mich fast gelyncht!'. Das Komische daran war, dass John und George vor dem Auftritt die Gitarren getauscht hatten und mein Vater also eigentlich Georges Gitarre gestohlen hatte."

„Was du mir bisher erzählt hast, ist zwar vom moralischen Standpunkt aus durchaus verwerflich, aber keine Todsünde – wie ging es denn nun weiter?"

„Zunächst gar nicht. Mein Vater hatte wohl unterschätzt, wie prominent die Beatles zu dieser Zeit bereits waren. Das war schon die Zeit, als sich die Jungs den hysterischen Teenager-Horden nur durch Polizeischutz entziehen konnten. Jedenfalls verursachte der Gitarren-Diebstahl einen Riesenwirbel. In den Zeitungen wurden Bilder des ‚Jumbo' veröffentlicht und eine Belohnung auf die Wiederbeschaffung ausgesetzt. An einen Weiterverkauf war unter diesen Umständen nicht zu denken."

„Was ja nur recht und billig ist! Woran man mal wieder sehen kann: Unrecht Gut gedeihet nicht."

„Schon recht, Father! Aber die Geschichte geht ja weiter: Zeitungen werden bekanntlich von vielen gelesen – zum Beispiel von Taxifahrern, die am Stand auf Kundschaft warten."

„Das kann ich bestätigen, mein Sohn. Mein eigener Vater war nämlich Taxifahrer. Ich habe ihn zwar kaum gekannt, aber es gibt ein paar Fotos. Die Sun war immer dabei!"

„Na, sehen Sie! – Also: Einige Tage nach dem Diebstahl schellte es bei meinem Vater an der Haustür und davor stand der Taxifahrer, der ihn in der Tatnacht mitsamt der gestohlenen Gitarre nach Hause gefahren hatte. Er hielt eine Zeitung mit dem Suchaufruf in der Hand und forderte meinen Vater auf, ihm die Gitarre auszuhändigen, damit er, der Fahrer, die versprochene Belohnung für die Wiederbeschaffung bekäme. Im Gegenzug würde er von einer Anzeige absehen."

„Nun, vielleicht nicht gerade die feine englische Art, aber auf diese Weise wäre dein Vater doch einigermaßen sauber aus der Sache rausgekommen, nicht wahr?"

„Vielleicht wäre es so gewesen, aber mein Vater hatte mittlerweile gecheckt, dass er mit Johns Gitarre einen echten Reliquienschatz besaß – ob zu Recht oder zu Unrecht war jetzt zweitrangig. Er machte dem Taxifahrer also den Vorschlag, ihm die Summe der ausgeschriebenen Belohnung selber auszuzahlen, und zwar in monatlichen Raten, die sich der Fahrer bei ihm abholen würde."

„Und der Taxifahrer?"

„Ging auf den Kuhhandel ein – jedenfalls so lange, bis der Betrag eines schönen Tages abbezahlt war."

„Na, dann war doch eigentlich alles in Butter, oder etwa nicht?"

„Theoretisch ja. Aber praktisch hatte sich der Taxifahrer an die monatlichen Zusatzeinnahmen gewöhnt und bestand gegenüber meinem Vater auf deren Fortführung. Schließlich gebe es über ihre Vereinbarung keine Unterlagen und der weltweite Hype um die Beatles sei ja mittlerweile so gigantisch, dass die Gitarre nunmehr ein Vielfaches dessen wert sei, was sie zum Zeitpunkt des Diebstahls wert war."

„Eine klassische Mischung aus Erpressung und angewandtem Kapitalismus!"

„Eindeutig mehr Ersteres, Father! Denn nachdem mein Vater sich grundsätzlich bereit erklärt hatte, weiterhin zu zahlen, erhöhte der Taxifahrer die monatliche Rate – ‚inflationsbereinigt', wie er sich ausdrückte. Das tat er in der folgenden Zeit noch zweimal und jedes Mal ging mein Vater schweren Herzens darauf ein."

„Konnte er sich das denn überhaupt leisten?"

„Leicht war es bestimmt nicht, zumal mein Vater inzwischen geheiratet hatte, weil ich mich ankündigte. Und als der Taxifahrer seine Forderungen schließlich ein drittes Mal nach oben schraubte, musste mein Vater handeln."

„Man hätte die Diebesbeute ja auch auf legalem Weg zurückgeben können!"

„Ach, Father, das wollte mein Vater doch auch! – Seitdem meine künftige Mutter bei meinem Vater eingezogen war, fand die Geldübergabe sicherheitshalber nicht mehr im Haus statt. Die beiden trafen sich jetzt immer nach Einbruch der Dunkelheit in einem Park in Islington. Und beim letzten Mal machte mein Vater seinem Erpresser klar, dass er künftig nicht mehr zahlen, sondern die Gitarre anonym an John zurückschicken werde. Und vor einer Anzeige habe er keine Angst mehr, schließlich sei die Sache verjährt."

„Damit gab sich der Erpresser aber nicht zufrieden?"

„Nein, er wurde zornig und aggressiv und bedrohte meinen Vater mit einer Gaspistole, die dieser für eine scharfe Waffe hielt. Mein Vater zog sein Springmesser und es kam zu einem Zweikampf, in dessen Verlauf … nun ja, den Rest können Sie sich denken, Father! – Father … Sie sagen ja gar nichts …"

„In Islington ist das passiert, sagst du? Weißt du zufällig, wann genau das war?"

„Es muss wohl Ende 1965 gewesen sein, denn damals lief andauernd der Beatles-Song *Drive My Car* im Radio und mein Vater hat mir später erzählt, dass er das nicht ertragen konnte und immer sofort abgestellt hat. Er hatte in der Zeitung gelesen, dass die Polizei im Fall des getöteten Taxifahrers von einem typischen Raubmord ausging. Der Taxifahrer hinterließ eine Frau und einen kleinen Jungen und diese Vorstellung brach meinem Vater das Herz."

„Das hat er dir erzählt?"

„All das, was ich Ihnen erzählt habe, Father. Allerdings erst viel später, nachdem meine Mutter gestorben war."

„Hat dein Vater – oder hast vielleicht sogar du selber – später noch etwas von der Familie des ermordeten Taxifahrers gehört, beispielsweise von dem Jungen?"

„Nicht, dass ich wüsste, Father – und ich selber schon gar nicht."

„Ich glaube, das stimmt nicht."

„Was heißt: stimmt nicht?"

„Es bedeutet, dass dir dieser Junge gerade als Father McKenzie im Beichtstuhl gegenübersitzt."

„Father! Mit solchen Dingen macht man besser keine Scherze! Und hier im Hause Gottes sowieso nicht!"

„Richtig. Mein Vater Patrick McKenzie ist Taxifahrer gewesen und am 28. Dezember 1965 in einem Park in Islington im Norden Londons einem Raubmord zum Opfer gefallen – und es war der einzige Taximord zu der Zeit. Der Täter wurde nie gefasst. Ich selbst war damals fünf Jahre alt. Sobald ich alt genug war, übergab mich meine Mutter der Obhut eines Klosterinternats, das ich schließlich als Priester verlassen habe. Meine betagte Mutter lebt heute noch bei mir im Haus. Sie darf nie erfahren, was damals geschehen ist."

„Sie meinen …?"

„Die offensichtliche Tatsache, dass mein Vater ein Erpresser war, meine ich. Dein und mein Vater haben schwere Schuld auf sich geladen – welche die größere ist, weiß allein Gott."

„Was ist mit dem Beichtgeheimnis, Father? Gilt es noch?"

„Was würdest du an meiner Stelle tun, mein Sohn? Zur Polizei gehen und den Mord an deinem Vater nach über 40 Jahren endlich, endlich aufklären? Würde dadurch etwas von dem ungeschehen, was damals Leid über unser beider Familien gebracht hat? Nein – das Beichtgeheimnis bleibt gewahrt! Ich werde Gott bitten, dass er die Schuld unserer Väter vergibt und uns die Kraft zum Verzeihen schenkt. Die Beatles sollen nicht umsonst ‚All You Need Is Love' gesungen haben."

„Father – George und John sind doch beide tot, nicht wahr?"

„Ja, und?“

„Aber diese Gitarre, der ‚Jumbo', existiert noch!“

„Was willst du damit sagen?“

„Nun, da die rechtmäßigen Eigentümer nicht mehr am Leben sind, könnte man doch darüber nachdenken, ob man das gute Stück nicht doch noch zu Geld macht. Als Musikalienhändler habe ich Kontakt zu gewissen Sammlerkreisen, die für solche Objekte durchaus empfänglich wären.“

„Du willst den Kreislauf der Sünde nicht endgültig hinter dir lassen?“

„Im Gegenteil, Father! Wenn wir den Erlös aus dem Verkauf der Gitarre der Kirche spenden, haben wir die bösen Geister doch ein für allemal ausgetrieben, nicht wahr?“

„Mein Sohn, so spricht ein wahrer Christ! Aber eine Bitte hätte ich noch …“

„Ja?“

„Bevor du die Gitarre weggibst, möchte ich sie wenigstens einmal in Händen halten, will darauf spielen und dazu singen.“

„Aber wohl kaum *s*?“

„Nein – ‚My Sweet Lord' natürlich!“

Maxwell's Silver Hammer (Lennon/McCartney)

Joan war ziemlich schräg drauf; sie betrieb nächtelang einsam und allein mit ihrem Reagenzglas pataphysische Studien.
Da rief sie der Medizinstudent Maxwell Edison an: „Gehst du mit mir ins Kino, Joan?"
Während sie sich zum Ausgehen fertig machte, klopfte es an die Tür.
Krach! Bumm! Maxwells silberner Hammer knallte auf ihren Kopf – so lange, bis sie tot war.

Damals in der Schule hat Maxwell mal wieder Faxen getrieben.
Die Lehrerin reagiert gereizt, will aber keine große Szene machen.
Sie sagt zu Max, er solle noch dableiben, wenn die anderen fort wären.
Also bleibt er und schreibt 50-mal: „Ich darf mich nicht so verhalten."
Aber als sie dem Jungen den Rücken zuwendet, schleicht der sich von hinten an und ...
Krach! Bumm! Maxwells silberner Hammer knallte auf ihren Kopf – so lange, bis sie tot war.

Polizeiobermeister Nr. 31 sagt: „Wir haben den Drecksack!"
Maxwell steht vor Gericht und macht seine Aussage.
Rose und Valerie rufen von der Empore herunter, man müsse ihn freilassen.
Der Richter denkt darüber anders und sagt ihnen das auch.
Aber während er noch spricht, naht sich von hinten ein Geräusch ...
Krach! Bumm! Maxwells silberner Hammer knallte auf seinen Kopf – so lange, bis er tot war.

Max aus Silberhammer

Paul

Paul Kowalski schlägt die Beine übereinander. Bevor er den ersten Aktenordner vom Tisch nimmt und darin zu lesen beginnt, zündet er sich eine Zigarette an. Recherchematerial, das er und seine Co-Autoren für die zweiteilige ZDF-Dokumentation ‚Ungeklärte Mordfälle' zusammengetragen haben. Einerseits ist es eine mühevolle Aufgabe, sich durch Berge von Protokollen, Ermittlungsakten und Medieninformationen zu wühlen, andererseits ist es ungemein spannend, was sich da vor seinen Augen auftut. Er blickt in Schicksale völlig fremder Menschen, von Opfern, Zeugen, Verdächtigen und Ermittlern. Die Inhalte der Akten sind genauso unterschiedlich und manchmal widersprüchlich. Meistens sind sie im distanzierten Beamtenstil der Ermittlungsprotokolle gehalten, manchmal bestehen sie aber auch aus ganz persönlichen Dokumenten wie Briefen, Fotografien oder Notizzetteln. Nicht selten hält Paul beim Lesen inne, schließt die Augen und lässt in seiner Fantasie die Menschen aus den nüchternen Fakten auferstehen.

In der Akte, die aufgeschlagen vor ihm liegt, geht es um den Mord an einem 62-jährigen Mann in Koblenz. In Rheinland-Pfalz gab es um das Jahr 1970 gleich mehrere ungeklärte Todesfälle. In Ingelheim wurde eine 56-jährige Frau erschlagen, ein Jahr zuvor deren Tochter, die in Mainz lebte.

Paul beschließt, die drei Fälle in seine Dokumentation aufzunehmen, sie in einen Kontext zu stellen. Dramaturgisch würde sich das wunderbar aufbauen lassen. Drei Jahre in Folge je ein Mord, alle drei Opfer erschlagen. Aus den Akten lässt sich nicht herauslesen, ob die Polizei einen Zusammenhang gesehen und in diese Richtung ermittelt hatte. Er wird auf alle Fälle versuchen, einen herzustellen. Bevor Kowalski tiefer in die einzelnen Geschichten einsteigt, schenkt er sich ein Glas Rotwein ein.

Es ist spät, schon lange nach Mitternacht. Paul legt die dritte Akte zur Seite und zündet erschöpft eine neue Zigarette an. Der Aschenbecher ist mittlerweile übervoll. Graue Flocken verteilen sich über den ganzen Tisch.

Das letzte Mordopfer, der 62-jährige Mann, war in Danzig geboren und wurde dort mit 33 Jahren zum Amtsrichter ernannt. Nach dem Zweiten Weltkrieg flüchtete er nach Westdeutschland und war seit Anfang der Sechzigerjahre wieder als Richter am Koblenzer Amtsgericht tätig. Am 25. Oktober 1971 fand ihn die Putzfrau erschlagen in seiner Wohnung. Erschlagen mit einem metallenen Gegenstand, wahrscheinlich einem Hammer. Es gab mehrere Verdächtige, zumeist von ihm verurteilte Personen. Allerdings hatte er es als Amtsrichter nie mit den richtig bösen Buben zu tun gehabt, sodass diese Spuren schnell im Sand verliefen. Eine Nachbarin sah kurz vor dem errechneten Todeszeitpunkt, wie ein Mann ins Haus ging. Aber ihre Beschreibung blieb sehr allgemein und führt ihn nicht weiter. Bis heute gibt es keine neue Spur, notiert sich Paul auf einem Block.

Das zweite Mordopfer war eine 56 Jahre alte Lehrerin, die auf dem Heimweg nach einem Elternabend ihrer Schule in einem Park, den sie täglich durchquerte, ermordet wurde. Ebenfalls erschlagen, ebenfalls war die mutmaßliche Tatwaffe ein Hammer. Nicht vergewaltigt oder anderweitig sexuell belästigt, soweit dies festzustellen war. Auch hier gab es keinerlei Hinweise auf den Täter. Das Motiv blieb völlig unklar. Der einzige Anhaltspunkt, der immer wieder in den Akten erwähnt wurde und dem man auch die meiste

Aufmerksamkeit gewidmet hatte, war die Tatsache, dass die Tochter dieser Lehrerin ein Jahr zuvor in ihrer Wohnung in Mainz auf die gleiche Weise ums Leben gekommen war.

Der Mord an der 33-jährigen Doktorandin sorgte 1969 für viel Aufsehen in der rheinland-pfälzischen Landeshauptstadt. Zwei Tage nach dem Auffinden der Leiche wurde der Doktorvater der Ermordeten verhaftet. Er gab zu, ein Verhältnis mit seiner Studentin gehabt zu haben. Dieser Wissenschaftler lehrte vor seiner Berufung nach Mainz am *Collège de 'Pataphysique* in Paris und war Mitautor der Schriftenreihe *Subsidia Pataphysica*, was schon genügte, um ihn sowohl für die Polizei als auch für die Presse verdächtig zu machen. Allerdings musste man ihn bald wieder laufen lassen, da er für die Tatzeit ein unumstößliches Alibi hatte. Er hatte sich zum fraglichen Zeitpunkt in Paris aufgehalten und sich dort mit dem renommierten amerikanischen Fotografen Man Ray getroffen. Es ging bei diesem Treffen wohl um die Aufnahme Rays in das *Collège de 'Pataphysique*.

Paul drückt achtlos seine Zigarette aus. Abgesehen von der Todesart und der Tatwaffe besteht die einzige Verbindung zwischen den drei Opfern darin, dass alle drei aus derselben Gegend stammten und nach dem Krieg nach Westdeutschland geflohen waren, notiert Paul. Die Lehrerin und ihre Tochter lebten bis 1945 in Gdansk-Bretowo, einem kleinen Dorf in der Nähe von Danzig, der Richter in Danzig selbst. Dort muss ich ansetzen. Zweimal unterstreicht er den Namen des Dorfes.

Am nächsten Morgen sitzt Paul Kowalski vor seinem PC. Er versucht jemanden ausfindig zu machen, der die drei Mordopfer kannte. In der Akte der Lehrerin sind lediglich Kollegen und Kolleginnen aufgeführt, mit denen die Polizei damals gesprochen hatte. Hier kommt er nicht weiter. Bis auf zwei sind alle gestorben. Ein ehemaliger Referendar lebt in einem Pflegeheim und hat Alzheimer, eine Kollegin liegt in Stuttgart in einem Sterbehospiz. Auch bei der Tochter ist die Ausbeute dünn. Die Ermittler hatten damals lediglich eine Freundin vernommen: Martina Müller. Abgesehen davon, dass es wohl unzählige Martina Müller in Deutschland gibt, lässt ihre damalige Aussage darauf schließen, dass es sich wohl um eine eher oberflächliche Freundschaft handelte.

Genervt gibt Paul ‚Gdansk-Bretowo' in die Suchmaschine ein. Vielleicht ist es besser, das Ganze bei den Wurzeln anzupacken. Nachdem er die polnischen Einträge ausgefiltert hat, findet er auf der dritten Seite unter dem Titel ‚Flucht aus Polen' einen Bericht mit dem Titel ‚Eine Flüchtlingsgeschichte'. Eine Erna Weizenberger hat dort niedergeschrieben, wie sie und ihre Familie den Ort Silberhammer (heute Gdansk-Bretowo) beim Einmarsch der Russen verlassen hatten. Zunächst überfliegt Paul den Artikel nur flüchtig. Fast schon am Ende, stutzt er. Frau Weizenberger erwähnt die Namen mehrerer Familien, die ebenfalls in dem Ort gewohnt hatten. Paul weiß nicht, was ihn an dem Familiennamen Sprengel auffällt. Jedenfalls liest er die Passage genauer: ‚Neben unserem Hof lebte die Familie Sprengel. Anna und Fritz mit ihren Töchtern Maria und Elisabeth sowie ihrem Sohn Max, die allesamt ebenfalls im Herbst 1944 spurlos verschwanden …'

Max, Max …, pocht es in Pauls Kopf. Silberhammer, Studentin, Lehrerin, Richter … Plötzlich erfasst ihn eine seltsame Unruhe. Hastig gibt er im Internet die Stichworte ‚Max' und ‚Silberhammer' ein. Nicht zu fassen! Schon der dritte Eintrag lautet: ‚Übersetzung The Beatles – Maxwell's Silver Hammer Songtext, Lyrics ... 18. Aug. 2010 ... *Bang Bang!* Maxwell's Silberhammer fiel auf ihren ... *She tells Max to stay when the class has gone away. So he waits behind ...*' Das kann doch nicht wahr sein! Das passt ja alles. Er lässt sich den gesamten Songtext anzeigen.

Max Sprengel! Unfassbar!

Fünf Anrufe genügen und ein passender Max Sprengel ist ausfindig gemacht. Geboren 1936 in Gdansk-Bretowo, wohnhaft in Frankfurt. Kurzentschlossen packt Paul seine Aufzeichnungen zusammen und fährt nach Frankfurt.

Ein Hochhaus in einer Wohnsiedlung. Zwölfter Stock, rechts. Verschlissenes Namensschild: Sprengel. Paul zögert, dann drückt er die Klingel. Eine ächzende Stimme aus der Sprechanlage.

„Paul Kowalski vom ZDF. Ich mache einen Bericht über Ostpreußen und hätte ein paar Fragen über Danzig."

Schweigen.

„Hallo, Herr Sprengel?"

Nichts. Dann das Summen des Türöffners.

Fünf Minuten später sitzt Paul dem 74-jährigen Max Sprengel in dessen Wohnzimmer gegenüber. Auf der Fahrt hierher hat sich Paul überlegt, was er wohl sagen, wie er anfangen soll. Aber nun ist es klar. Sprengel weiß genau, warum Paul gekommen ist, spürt es und scheint erleichtert. Paul legt die Akten auf den Tisch und schiebt sie Sprengel hin. Der setzt die Brille auf, die an einem Band um seinen Hals hängt, und blinzelt durch dicke Gläser auf den Tisch. Mit einer fahrigen Bewegung wischt er die Papiere zur Seite, setzt die Brille wieder ab und starrt vor sich hin. Paul wartet. Nach langen Minuten beginnt Max Sprengel zu erzählen. Erst stockend, dann immer hastiger, so als wolle er endlich, endlich loswerden, was ihm auf der Seele brennt.

Max

„Im Oktober 1944 war ich acht Jahre alt, genau wie Johanna. Wir waren Freunde, unzertrennlich in dieser beschissenen Zeit. Die Russen kamen immer näher. Meinen Eltern gehörte ein ziemlich großes Landgut mit viel Viehzeug, Feldern und Äckern, sogar eine Metzgerei hatten sie. Am Ende dieses Scheißkriegs gab es natürlich nur noch wenige Tiere und der Fleischladen gähnte in stiller Leere vor sich hin. Vater hatte schon lange den Entschluss gefasst, in den Westen abzuhauen. In einer abgelegenen Scheune hatte er nach und nach das Notwendigste für die Flucht beiseite geschafft. Alles auf einem Planwagen unter Decken versteckt. Niemand sollte und durfte davon erfahren, auch ich nicht. Aber wie Jungs in diesem Alter nun mal sind: Natürlich habe ich was gemerkt und es hat nicht lange gedauert, und ich bin heimlich in die Scheune geschlichen. Nicht alleine. Johanna war selbstverständlich mit dabei. Ich bemerkte, wie ihre Augen immer größer wurden, als wir die Gegenstände auf dem Wagen inspizierten, und es beschlichen mich Zweifel, ob es so eine gute Idee gewesen war, ihr unser Familiengeheimnis zu zeigen …"

Der Alte kommt ins Stocken. Er hustet hart, röchelt beim Atmen, greift nach einer Spraydose, die auf dem aus den Fünfzigerjahren stammenden Nierentisch steht, und sprüht zwei Stöße in seinen fast zahnlosen Mund.

„Es geht wieder. Also, die geplante Flucht meiner Eltern musste geheim gehalten werden. Immer noch galt in Hitlers Reich die Parole, dass die Ausweitung Germaniens nach Osten selbstverständlich bevorstehe. Es sei unverrückbar, dass dort weiterhin die Pflanzgärten germanischen Blutes errichtet werden würden. Dementsprechend war Weglaufen verboten. Der ostpreußische Gauleiter, Erich Koch, hatte klar verkündet: ‚Fluchtvorbereitungen können nur eine besonders infame Art der Sabotage sein.' Landräte, Kreisleiter und Bürgermeister des Gaus bekamen Anweisung, jeden, der so etwas plante, sofort zu melden. Noch in der Scheune vereinbarte ich mit Johanna absolute Verschwiegenheit. Wir schworen es bei unserem Leben.

Zwei Tage später hielt ein Wagen mit uniformierten Nazis in unserem Hof. Mit vorgehaltenen Maschinenpistolen führten sie uns ab. Meine Eltern, mich und meine beiden Schwestern. In Danzig wurden wir in einem Eilverfahren wegen schweren Landesverrats verurteilt. Man schickte mich und meine Familie ins Konzentrationslager Stutthof. Ich habe als einziger überlebt."

Wieder wird seine Schilderung durch einen heftigen Anfall unterbrochen.

„Ich kann mich noch genau erinnern. Es war im Herbst 1969 in Mainz. Ich hatte mich als Doktorand der Medizin ausgegeben. An einem Samstag hatte ich mir in einem Plattenladen im Zentrum das *Abbey Road-Album* der Beatles gekauft. Trotz meiner damals immerhin schon 33 Jahre war ich ein begeisterter Beatles-Fan. Daran änderten auch Deep Purple, Led Zeppelin oder Jimi Hendrix nichts – und Roy Black schon gar nicht. Ich war glücklich. Nicht wegen der Musik, sondern wegen einer Frau. Endlich hatte ich die gefunden, nach der ich mich so lange sehnte, die ich so lange gesucht hatte. Es war offensichtlich, dass sie in mich verschossen war. An diesem Abend wollten wir uns bei ihr zu Hause treffen, die neue Platte anhören und gemeinsam die Nacht verbringen.

Als ich zu ihr kam, hatte sie rund ums Bett Kerzen aufgestellt und ein Nichts von einem Negligée über ihren elfenhaften Körper gestreift. Ich zog mich bis auf die Unterhose aus. Dann legte ich vorsichtig die Schallplatte auf den Spieler und drückte den kleinen silbernen Hebel nach hinten. Der Teller begann mit einer Geschwindigkeit von etwas mehr als 33 Umdrehungen in der Minute zu rotieren. Der Tonarm hob ab, fuhr nach links und setzte den Tonabnehmer mit der Saphirnadel sanft auf die Rille. Ich beschreibe das deshalb so genau, weil ihr jungen Leute heutzutage dieses Gefühl überhaupt nicht mehr kennt – diesen erwartungsvollen Moment, bis die Nadel aufsetzt und aus dem Lautsprecher der erste Ton erklingt. Ganz besonders, wenn man eine neue Platte auflegt. Unbeschreiblich, das leise Knacken der Nadel beim Aufsetzten, der kurze Moment der Stille, sachtes Rauschen im Hintergrund und dann der volle Sound. Spannend, kann ich Ihnen sagen!

Außerdem lief an diesem Abend sowieso jede Bewegung, jede Handlung wie in Zeitlupe ab. Ich schwebte mehr, als dass ich mich bewegte. Schließlich hatte ich mir vorgenommen mit ihr zu reden. Endlich aus mir herauszuquetschen, was mich bis zu diesem Zeitpunkt, also 25 Jahre lang, gequält hatte. Ich stieg also zu ihr ins Bett, ergriff ihre Hand und legte mich stumm und steif neben sie."

Der Alte grinst vor sich hin, beginnt plötzlich leise zu singen:

„He says I know you, you know me.
One thing I can tell you is you got to be free!"

Er hält inne, sein Kopf fällt in den Nacken. Dann singt er wieder:

„Something in the way she woos me
I don't want to leave her now
You know I believe and how …"

Er schreckt wie aus einem Traum hoch. Starrt Paul Kowalski an.

„Dann kam das dritte Lied auf der Platte. *Maxwell's Silver Hammer!* Wie ein elektrischer Schlag durchfuhr es mich. Ein Lied, das nur für mich geschrieben worden war. ‚Maxwell' stand für Max, und ‚Silver Hammer' für Silberhammer. In mir explodierte eine Blase: Todesschreie, Gasgeruch und Berge von bis auf die Knochen abgemagerten Leichen flogen daraus hervor und vergifteten mein Hirn."

Er schließt die Augen, stöhnt laut, beginnt zu husten, greift nach dem Spray und beruhigt sich wieder. Von einem Augenblick auf den anderen ist er vollkommen gelöst, fast scheint es, als sei er jünger geworden.

„Ich sah den Hammer im Plattenregal liegen … sie hatte mir erzählt, dass sie das Regal selbst zusammengebaut hatte ... Vielleicht, wenn er da nicht gelegen hätte … ich griff danach … schlug zwei Mal kräftig zu. *Bang Bang!* Das war's. Unglaublich, wie leicht so eine Schädeldecke bricht und die Gehirnmasse ausfließt. Unglaublich."

Er sackt in sich zusammen auf dem verschlissenen Sofa, seinen kahlen Kopf stützt er mit der rechten Hand. Die nackten Füße stecken in braunen Filzpantoffeln, auf dem grauen, ehemals wohl weißen Nylonhemd kann Paul die letzten Mahlzeiten des Alten wie von einer Speisekarte ablesen. Dann atmet Max tief ein, dreht den Kopf, die Halswirbel knacken. Er drückt sich aus dem Sofa hoch, schlurft über den abgewetzten Teppichboden, Staubwolken wirbeln auf, hinüber zum Vertiko, zieht die Schublade auf.

Paul Kowalski zögert, springt hoch, folgt dem Alten. Max Sprengel greift in die Lade, Paul steht hinter ihm, beugt sich vor, geht in Abwehrhaltung. Der Alte fängt an zu lachen, zunächst ein leises Kichern, das immer lauter, immer verächtlicher wird. Er zieht einen Hammer hervor, hebt ihn hoch und dreht sich zu Paul um.

„*Bang Bang!* Maximilians Silberhammer saust auf Ihren Kopf … glauben Sie das? Ich altes Wrack? Warum sollte ich? Sie sind nicht sofort zu Ihrer Mami gerannt und haben ausposaunt, was Sie in der Scheune gesehen haben, aber Johanna hat das gemacht!"

Max Sprengel steht mit nickendem Kopf auf wackligen Beinen und hebt den Hammer beschwörend in die Höhe. Lässt ihn durch die Luft nach unten sausen.

„*Bang Bang!* Sie sind nicht sofort zum Bürgermeister gerannt und haben ihm erzählt, was Ihre Tochter in der Scheune gesehen hat, Sie nicht, aber Johannas Mutter. Und sie hat auch nicht vergessen, ihren Anspruch auf unseren Hof anzumelden, falls die Sprengels ihn verlassen mussten!"

Wieder hebt er den Hammer, keucht, lässt ihn erneut auf einen imaginären Kopf sausen.

„*Bang Bang!* Sie haben nicht mit der Familie Sprengel kurzen Prozess gemacht und sie ins Konzentrationslager geschickt, Sie nicht! Aber der Amtsrichter Wangert, dieser Nazi-Scherge, der hat das im Handumdrehen gemacht, genauso locker, wie er in Koblenz einem Raser den Führerschein entzog."

Sprengel lässt den Hammer fallen und bricht zusammen. Kowalski zerrt ihn zum Sofa, hievt den Alten hinauf, greift nach seinem Mobiltelefon. Max Sprengel schlägt die Augen auf. Der trübe Blick klart nach und nach auf.

„Nicht", stammelt er, „es ist vorbei. *Bang!*" – und schließt die Augen für immer.

Vierundsechzig

Mann, 64 ging's los, sogar bei uns in Neustadt! Obersekunda, Beatles, Stones, James Bond, Ingmar Bergman, Bertolt Brecht, Karin Baumann …

Ich habe dich geliebt, Mike! Natürlich nicht *so* geliebt – Karin habe ich *so* geliebt, aber das weißt du ja selber. Unsere Liebe war anders, Mike. Wir haben anfangs zusammen Karl May gelesen und endlos darüber diskutiert, weshalb Old Shatterhand und Kara Ben Nemsi auch ihren bösartigsten Feinden penetrant und wider alle Logik mit christlicher Großmut begegneten, anstatt endlich einmal kurzen Prozess zu machen. Später haben wir gemeinsam Shakespeare gelesen und noch später Hermann Hesse.

Wir haben zuerst zusammen die Dutch Swing College Band gehört und später die Beatles und dann lange nichts mehr zusammen. Du hast dann Santana gehört und ich Bob Dylan. Du Jimi Hendrix und ich Franz-Josef Degenhardt. Zu diesem Zeitpunkt hatte Bernd nur noch Mikis Theodorakis und Peter Brötzmann im Kopf. Mit den Beatles war er fertig – zumindest vorübergehend.

1964 allerdings noch nicht. Da hingen und hielten wir zusammen, erlebten und durchlitten wir gemeinsam unseren Kleinstadt-Blues, hörten *She Loves You* und *A Hard Day's Night*, später *Help!* und *Norwegian Wood*, noch später *With A Little Help From My Friends* und *I'm The Walrus*.

Gott, diese widerwärtige Borniertheit der Kleinbürger! ‚Kulturschande!', blökten Leute, deren Kulturzentrum das ‚Försterhaus' war und blieb, deren Lektüre sich auf Gesangbuch und ‚Heimatbote' beschränkte, deren Musikgeschmack zwischen *O du schöner Westerwald* und *Mütterlein* steckengeblieben war. Beängstigend, dieser teils versteckte, teils offene Hass gegen ‚langhaarige Affen' und ‚Gammler', die zwar das Gymnasium von Neustadt besuchten, aber keine Lust hatten, den Leistungen der Altvorderen an der Ostfront voller Ehrfurcht und Dankbarkeit zu huldigen.

Gut, wir hatten die Beatles. Die waren sowohl Auslöser unserer Krankheit als auch das Heilmittel. Wir hatten Zukunft, wo die anderen nicht mal Vergangenheit hatten. Denn wir spürten Vergangenheit, wo andere nur noch vergessen wollten.

Noch heute würgt mich der Brechreiz, wenn ich daran denke, was los war, als sie Helga und Bernd im Heuschober des Aussiedlerhofs erwischt hatten. Wie sie Helgas und Bernds ehrliche und unschuldige Liebe zum Skandal aufbauschten und Helga als ‚Flittchen' beschimpften, gerade auch die Frauen jener Männer, die freitagabends die Bordelle der nächstgelegenen Mittelstadt aufsuchten. *Can't Buy Me Love?* Bernd und Helga hatten das jedenfalls nicht nötig.

Und dann dieser verschimmelte Trupp von Honoratioren: Der vor Selbstgerechtigkeit triefende Schuldirektor Schulze, der Bernd zu sich zitierte, weil er auf dem Pausenhof den SPIEGEL gelesen hatte. Der verknöcherte Pastor Krause, der Mike öffentlich abkanzelte, weil der seinen schönen biblischen Namen Michael zum neumodisch-amerikanischen Mike verhunzt hatte. Der schier allmächtige Brauereibesitzer Siebenwurst, der die Stadt als sein Eigentum betrachtete und deren Geschicke als Bürgermeister praktisch nach Gutdünken und stets zum eigenen Vorteil steuerte. Beat-Konzert auf der Flussinsel? Nicht mit Siebenwurst! Filmfestival im Innenhof der Burg? Siehe oben. Aber uniformiertes Kameradentreffen der südpommerschen Gebirgsmarine im kostenfrei zur Verfügung gestellten Ratssaal der Stadt –

selbstverständlich mit Grußwort und Bierspende von Bürgermeister Siebenwurst.

Dann die piefige Abiturfeier, bei der der Schulchor *Die Blümelein, sie schlafen* sang und Direktor Schulze dem konsternierten Mike bei der Übergabe des Abiturzeugnisses den Händedruck verweigerte, weil dieser keine Krawatte, aber ein geblümtes Hemd trug, und Bernd seinerseits Direktor Schulze den Händedruck verweigerte, obwohl er selbst zwar eine Krawatte trug, aber ein Zeichen der Solidarität mit Mike setzen wollte. Anschließend gratis Siebenwurst-Bräu für alle, zumindest alle Krawattenträger.

Bernd habe ich bewundert, aber dich habe ich geliebt, Mike! Du wolltest die Welt nicht verändern, sondern verschönern. Wenn wir zusammen das *Sgt. Pepper's Lonely Hearts Club Band*-Album von den Beatles durchgehört haben, bist du bei George Harrisons indischem Gezirpe namens *Within You Without You* andächtig sitzen geblieben, während Bernd und ich das Weite gesucht haben und erst bei *When I'm Sixty-Four* wieder aufgekreuzt sind. Du warst eben ein echter Hippie: langhaarig, neugierig auf Drogen aller Art, fantasievoll, friedfertig.

Bernd, du und ich haben es kurzzeitig mit einer Band versucht: Bernd am Schlagzeug, ich am Bass, du Gitarre und Gesang. Es hat nicht geklappt, weil Bernd und ich im Gegensatz zu dir kein Talent hatten. Aber es hat trotzdem Spaß gemacht.

Bernd ist wegen der Bundeswehr nach Berlin gegangen und hat dort Soziologie und Philosophie studiert – ohne Abschluss, wie damals üblich. Deshalb ist er heute Redaktionsleiter beim Fernseh-Kulturmagazin ‚Brennglas'. Nächstes Jahr geht er in Rente und hat dann endlich Zeit, sein lange geplantes Buch über das politische Weltbild der deutschen Romantiker zu schreiben.

Ich selbst habe meinen Wehrdienst abgeleistet – die schlimmste Zeit meines Lebens, nebenbei, auch ohne Schulze, Krause und Siebenwurst, aber mit reichlich *O du schöner Westerwald*. Danach bin ich Lehrer geworden, Lehrer für Englisch und Geschichte, Englisch wegen Shakespeare und Bob Dylan und Geschichte wegen des Vormärz.

Mike blieb dort, wo er herkam, wo er hingehörte, wo er sich auskannte und zumindest zeitweise wohlfühlte: Es war die Welt seiner Hippie-Bude samt ihren psychedelisch-bunten Tapetenmustern, Konzertplakaten, Wasserpfeifen, Sitzkissen und Buddha-Figuren. Mike wurde Kunstmaler, Straßenmusiker, Journalist – alles ohne Ausbildung, aber nicht ohne Erfolg. Er entwarf Schallplattenhüllen für Krautrock-Bands, gründete eine Straßentheatergruppe und gab an der Volkshochschule der benachbarten Mittelstadt Kurse für Fahrradreparieren, Batiken, indisches Kochen, Didgeridoo-Spielen und die Geschichte der Beatles. Und er engagierte sich früh in der Umwelt- und Friedenspolitik.

Irgendwann in den 70ern übernahm Siebenwurst den maroden Fußballclub ‚Viktoria Neustadt' und benannte ihn im Gegenzug für sein großzügiges Mäzenatentum in ‚Siebenwurst Neustadt' um, was in der Tabelle der Tageszeitung gnädig zu ‚SW Neustadt' verkürzt wurde. Als er schließlich sogar treuen Parteifreunden für eine erneute Wiederwahl zu alt erschien, setzte er sich ein weiteres Denkmal, nannte es ‚Heimatmuseum' und stattete es so aus, dass jedem klar werden musste, wem Neustadt seinen Wohlstand, sein Ansehen und eigentlich wohl seine Existenz verdankte: derselben Dynastie von ehrbaren Bierbrauern, die rund Zweidrittel des

Museumsinventars aus ihren Privatbeständen als Dauerleihgabe beigesteuert hatte.

Heute habe ich deine Todesanzeige gelesen, Mike. Die Formulierung ‚still von uns gegangen' lässt darauf schließen, dass du freiwillig aus dem Leben geschieden bist. Freiwillig? Als ob das einer gern machen würde!
Ich habe den ganzen Tag und die halbe Nacht ununterbrochen Beatles-Platten gehört und daran gedacht, was damals war, was heute ist und dass sie dich letzten Endes doch noch zur Strecke gebracht haben: wegen *All My Loving*, wegen *Lady Madonna* und wegen *Here Comes The Sun*. Ist natürlich Quatsch, weiß ich auch – wusste ich jedenfalls, bevor ich dieses Zeug erhitzt, zerbröselt und in Rotwein aufgelöst getrunken habe. Habe ich mir zum Geburtstag gegönnt. Ich bin doch um Mitternacht 64 geworden.

Wo sich Bernd derzeit herumtreibt, weiß ich nicht, Mike, aber du bist jetzt tot – *Across The Universe*. Schulze, Krause und Siebenwurst sind auch tot, aber Siebenwursts Heimatmuseum steht.

Es hat sich einiges verändert seit 1964, glaub mir. Damals hatten die Autos noch keine Benzinanzeige und deshalb ist jeder mit Reservekanister durch die Gegend gefahren. Das haben sie später aus Sicherheitsgründen verboten. Aber ich hab noch einen in der Garage. Du weißt ja, wie das ist, Mike: Man nimmt sich vor, das Ding zu entsorgen, stellt ihn immer wieder nach hinten und eines Tages hat man ihn vergessen. Obwohl das Benzin bestimmt nicht schlecht geworden ist.

Komisch – halb drei in der Nacht und keine Sau am Heimatmuseum. Verdammt schwer, so ein voller Kanister! Ich finde, ich habe mir zur Feier des Tages ein kleines Feuerwerk verdient. Und du auch, Mike, du und die Beatles – *Let It Be*!

Rocky Raccoon (Lennon/McCartney)

Irgendwo in den Black Hills von Süd-Dakota lebte ein junger Mann namens Rocky Waschbär.
Dem lief eines Tages die Frau wegen eines anderen Typen fort – was Rocky mächtig auf den Senkel ging, um's mal vorsichtig auszudrücken.
„Den Kerl kauf' ich mir!", sagte Rocky.
Eines Tages ging er in die Stadt und nahm sich im örtlichen Saloon ein Zimmer.
Rocky Waschbär bezog sein Zimmer und das einzige, was er dort fand, war das Exemplar einer Gideon-Bibel.
Er hatte eine Knarre mitgebracht, um seinen Rivalen umzunieten – der hatte ihm schließlich seine Traumfrau gestohlen.
Die hieß eigentlich Magil, nannte sich selbst aber Lil und war allgemein unter dem Namen Nancy bekannt.
Sie und ihr Neuer – ein gewisser Dan – tanzten im Nebenzimmer zu zweit Polonaise, als Rocky hereinstürzte und grinsend sagte: „Jetzt wird's ernst, Dannyboy!"
Aber Dan war auf Zack, zog als Erster und drückte ab – Rocky brach in der Ecke zusammen ...
Der Doktor kreuzte mit einer gewaltigen Schnapsfahne auf und sorgte dafür, dass man Rocky auf einen Tisch legte.
„Das hast du jetzt davon", sagte er.
Aber Rocky meinte: „Das ist nur ein Kratzer, Doc, das wird schon wieder!"
Zurück auf seinem Zimmer fand Rocky Waschbär wieder nur die Gideon-Bibel.
Gideon war ausgezogen und hatte sie bestimmt nur deshalb liegen lassen, damit Rocky mit ihrer Hilfe wieder auf die Beine kam.

Waschbärenjagd

... oh, originally it was Rocky Sassoon
eventually I changed it from Sassoon to Raccoon,
because it sounded more like a cowboy
(Paul McCartney)

Die Mitglieder im Internationalen Gideonbund sind christliche Geschäftsleute ... Sie akzeptieren die Bibel als unfehlbares, verbalinspiriertes Wort Gottes ... Der Gideonbund selbst ist keine kirchliche Gemeinschaft, sondern nur ein gemeinsames Instrument der Mission ... Es werden prinzipiell Männer nur zusammen mit ihren Ehefrauen Mitglieder, genannt Gideons, im Internationalen Gideonbund.
(Quelle: Leitfaden des Internationalen Gideonbundes in Deutschland)

Mit quietschenden Reifen bremsten zwei Jeeps vor ‚Lilly's Kneipe'. Vorsichtig hievten die Waschbärenjäger den Verletzten vom Rücksitz des ersten Wagens und trugen ihn hinein. Der zur Jagdgruppe gehörende Arzt torkelte vorneweg und lallte den drei Trägern die Ohren voll:

„Ins Lokal mit ihm ... vorsichtig ... nicht so wackeln!"

Angewidert von dem nach Gin stinkendem Atem des Mediziners drehte einer der Angesprochenen den Kopf zur Seite und rief zwei weiteren Jagdkollegen zu, sie sollten schnell zwei Tische zusammenschieben. Vorsichtig legten sie den Verletzten auf das provisorische Holzbett. Aus der Bauchwunde sprudelte dunkelrotes Blut. Der Arzt trat hinzu, drückte mit beiden Händen auf das Einschussloch, beugte sich vor und flüsterte: „Das Spiel ist zu Ende."

Der Angeschossene zitterte am ganzen Körper, stöhnte

immer wieder auf. Kurz öffnete er die Augen, blickte hinüber zu dem kleinen Tisch neben der Toilettentür und stammelte:

„Gideons … Nancy … das nächste Mal … werde ich schneller sein …“

Er schloss erneut die Augen, verlor das Bewusstsein.

Robert Kartner lebte auf einem kleinen Bauernhof in der Nähe von Neuruppin. Seine Eltern waren vor drei Jahren kurz hintereinander gestorben, sodass er alleine für Pferde, Schweine, Hühner und Stallhasen zu sorgen hatte. Außerdem waren drei große Äcker zu bewirtschaften. Einen vierten Acker hatte er verkauft, dort standen jetzt Windräder und erzeugten Strom.

Robert war ein hochgewachsener, bulliger Typ, mit Händen groß wie Suppenteller. Früher war er Mitglied im Neuruppiner Boxverein gewesen und hatte alle Kämpfe durch K.o. gewonnen. Das hatte ihm nicht nur den Beinamen ‚Rocky‘ eingebracht, sondern auch Respekt und Anerkennung bei der Dorfjugend. Nach dem Tod seiner Eltern konnte er aus Zeitgründen nicht mehr regelmäßig trainieren und hatte schon bald die Boxhandschuhe an den Nagel gehängt. Jetzt verbrachte er seine Abende vor dem Fernseher. Am liebsten schaute er ‚Bauer sucht Frau‘. Mehrmals hatte er sich schon beworben, denn er sehnte sich nach einem Weibchen für sich und seinen Hof. Bisher war er stets vertröstet worden, die Leute von RTL würden sich zu gegebener Zeit melden.

Rockys eigentliche große Leidenschaft war aber die Waschbärenjagd. Durch die Wälder zu streifen und die grauen Allesfresser mit ihrer schwarzen Gesichtsmaske zu erlegen, liebte er über alles. Morgen war es wieder einmal soweit.

Um vier Uhr in der Frühe würden er und seine Jagdkameraden sich am Gut Hengstenbach treffen und gemeinsam zur Waschbärenjagd aufbrechen.

Rocky schaltete den Fernseher aus. Es war schon spät. Dennoch ging er nicht sofort zu Bett, sondern erst noch hinüber ins ‚Jagdzimmer', wo schon alles für den morgigen Tag bereitlag. Er öffnete den Waffenschrank und nahm den ‚Ferlacher Bockdrilling' heraus. Die über 30 Jahre alte Waffe war sein ganzer Stolz. Das Gewehr hatte einen Lauf für Schrotmunition und zwei Kugelläufe. Die Besonderheit dieses väterlichen Erbstücks bestand in einem Bockbüchsflintenwechsellauf, ein Wort, das Rocky immer wieder laut vor sich hinsprach, und dabei laut lachen musste. Das Lachen allerdings klang nicht besonders fröhlich. Für morgen hatte er das Laufbündel mit den Kalibern 16/70 und 30/06 montiert. Das würde für seine Zwecke genau richtig sein. Er stellte die Waffe zurück, verschloss den Schrank sorgfältig und ging zu Bett.

Robert konnte nicht einschlafen. Sobald er die Lider schloss, schoben sich Bilder der süßen Nancy in sein Gehirn. Nancy mit den Muschelaugen, die ihn anlächelte; Nancy, die auf seinem Schoß saß; Nancy, die ihm versprach, zu ihm zu ziehen; Nancy, die Frau, die er heiraten wollte. Aber auch Nancy, die er beobachtet hatte, wie sie Daniel einen Blowjob verpasste, während er ihr aus der Bibel vorlas.

Robert setzte sich stöhnend auf. Dieser Hund hatte sein Mädchen gezwungen, ihn zu befriedigen. Ihn, Daniel Hengstenbach, den Gutsherren, den Besitzer des größten Landwirtschaftsbetriebs von Brandenburg. Es tat so weh. Wie konnte Nancy ihm das antun?

Doch eigentlich war sich Robert sicher, dass sie gezwungen worden war. Schließlich hatte Nancy ihm erklärt, dass sie sich für die Ehe aufsparen würde, erst mit einem Mann ins Bett ginge, wenn sie verheiratet wäre. Und Rocky hatte ihr geglaubt, glaubte es noch immer. Sie war so unschuldig, so schön und so liebevoll. Hatte ihm deutlich zu verstehen gegeben, dass sie ihn mochte. Klar, als Wirtsfrau musste sie sich etwas lockerer anziehen, für Rockys Geschmack etwas zu locker, aber das sei von Berufs wegen, hatte sie ihm erklärt. Natürlich, wenn sie Robert heiraten und mit ihm auf dem Bauernhof leben würde, brauchte sie solche Kleidung nicht mehr anzuziehen.

In Rockys Kopf schwirrten die Gedanken, purzelten herab und stiegen wieder auf, drängten sich nach vorne und zogen sich zurück. Erneut stöhnte er. Daniel Hengstenbach, vor dem kein Mädchen im Umkreis von 100 Kilometern sicher war, würde Nancy nicht noch einmal berühren. Dafür würde er sorgen. Und das große Stück Weideland, das an Hengstenbachs Ländereien angrenzte, würde er ganz sicherlich nicht an diesen Geldgeier verkaufen, obwohl der ganz gierig darauf lauerte. Auch wenn Robert das Geld dringend benötigte und auch wenn Nancy ihn zum Verkauf drängte. Als Startkapital für ihre gemeinsame Zukunft, hatte sie gesagt.

Rocky musste das Problem lösen – und das würde er. Das hatte er auch Nancy deutlich zu verstehen gegeben. Gestern Abend, in ihrer Kneipe. Rocky hatte ihr, es mag nach dem fünften oder sechsten Bier und nach genauso vielen Schnäpsen gewesen sein, seinen Plan andeutungsweise verraten. Zumindest glaubte er das. So genau konnte er sich nicht mehr erinnern.

Nancy war ein Mädchen, das nicht viel vermisste. Außer Geld und Reichtum natürlich, wie wir alle eben, die wir deshalb jeden Samstag unseren ausgefüllten Lottoschein zur Annahmestelle tragen. Eigentlich hieß sie Anna Liliane Magil. Ihr Vater, Pete Magil, hatte sie in seinen wenigen Briefen immer Nancy genannt, die englische Koseform für Anna.

Pete war mit seiner Beatles-Tribute-Gruppe *The ReLennon Band* kurz nach der Wiedervereinigung nach Neuruppin zu einem Konzert gekommen. Nancys Mutter Julia, die zu dieser Zeit – mauerbedingt etwas verspätet – ein geradezu hysterischer Fan englischer Rock- und Popgruppen war, hatte sich, in Ermangelung des Originals, unsterblich in die Lennon-Imitation verliebt. Als dann aus den Lautsprechern *Julia, Julia, morning moon, touch me* erklang, war es um sie geschehen. Flugs zog sie ihren Schlüpfer aus und schleuderte ihn Pete vor die Füße, ganz so, wie sie es in alten Ausgaben der ‚Bravo' gelesen hatte. Pete Magil ließ sich nicht zweimal bitten, schleppte die wie auf Wolken schwebende Julia ab und vertrieb sich mit ihr die öde Hotelzimmernacht. Am nächsten Morgen tourte die Band weiter. Julia hatte bei dem Rockmusiker anscheinend keinen bleibenden Eindruck hinterlassen, jedenfalls meldete er sich nicht mehr.

Umgekehrt war die Impression stärker gewesen und erblickte neun Monate später in Form von Nancy das brandenburgische Licht der Welt. Julia hatte irgendwann Magils Adresse ausfindig gemacht und ihm geschrieben. Nachdem Julia ihm beteuert hatte, dass sie keine finanziellen Ansprüche stellen würde, hatte er die Vaterschaft anerkannt, die sich dann auch lediglich auf Postkarten und Briefe von irgendwo aus irgendeinem Land beschränkte: '*Dear Nancy …*'

Seit ihrem 16. Geburtstag hatte Nancy nichts mehr von Papa Pete gehört, aber der Name Nancy war geblieben. Julia hatte nie wieder für einen Mann den Schlüpfer ausgezogen.

Sie hatte sich in einen anderen Kerl verliebt, einen Schotten namens Johnny Walker.

Anna Nancy Liliane wurde abwechselnd von Großeltern sowie diversen Tanten und Onkeln in irgendwelchen Dörfern großgezogen, bis sie mit 17 die Nase von der Landluft voll hatte und nach Berlin ausbüchste. Schnell hatte sie in der Hauptstadt gelernt, dass sie mit ihrem guten Aussehen und der wohlgeformten Figur durchaus in der Lage war, sich ihren Unterhalt selbst zu verdienen. Unter dem ‚Künstlernamen' Lilly arbeitete sie mehrere Jahre in verschiedenen Edelbordellen, bis sie es satt hatte, für jeden x-beliebigen Kerl die Beine breit zu machen. Außerdem war mittlerweile genug Geld zusammengekommen, um daheim in Neuruppin ein eigenes Lokal zu eröffnen.

‚Lilly's', so nannte Nancy ihre Kneipe, lief gut und wurde schnell zum beliebten Treffpunkt in Neuruppin. Auch die Brandenburger Jäger hatten schnell Gefallen gefunden und trafen sich nach erfolgreicher oder auch nicht so erfolgreicher Pirsch bei ‚Lilly's', um ihre Treffsicherheit zu feiern oder den Kummer über Fehlschüsse zu ersäufen.

Doch Lilly/Nancy hatte noch andere Träume. Dazu gehörte ganz bestimmt nicht, den Rest ihres Lebens hinter dem Tresen zu verbringen – und schon gar nicht: als Bauersfrau Ställe auszumisten.

Es war noch dunkel, als die Jagdgesellschaft von Gut Hengstenbach aufbrach, um in den Waldabschnitt zu fahren, wo die meisten Waschbären vermutet wurden. Kurze Zeit später stapften sieben kernige Männer im seitlichen Abstand von etwa 20 Metern in den Wald hinein, immer in Richtung der großen Lichtung. Rocky hatte es so eingerichtet, dass er sich in der Reihe rechts neben Daniel befand.

Daniel Hengstenbach hatte vor ein paar Jahren das Gut seines Vaters übernommen und zu einer der größten Wurst- und Fleischfabriken Brandenburgs ausgebaut. Zusammen mit 600 Galloway-Rindern, 1000 freilaufende Legehennen und 500 Gänsen lebte der smarte Junggeselle auf seinem 1000 Hektar großen Betrieb. Und er lebte nicht schlecht. Daniel war bekannt für seine ausschweifenden Partys. Diese wären die reinsten Orgien und seine Gespielinnen würde er genauso oft wechseln wie seine Hemden, wussten die Leute zu berichten.

Wenn Daniel früher ‚Lilly's Kneipe' betreten hatte, waren sofort die Gespräche verstummt oder nur noch hinter vorgehaltener Hand fortgeführt worden. Gespannt hatten sich dann die Blicke auf ihn und seine jeweilige Begleitung gerichtet. Doch das hatte sich geändert. Die letzten drei Besuche Hengstenbachs bei ‚Lilly's' waren fürs Publikum enttäuschend verlaufen. Denn Daniel war jeweils ohne weibliche Begleitung erschienen, hatte sich sofort an die Bar gesetzt und lediglich Mineralwaser oder alkoholfreies Bier getrunken. Jedem, mit dem er sprach, erzählte er von der Botschaft Gottes, von Jesus Christus und vor allem von der unumstößlichen Wahrheit der Bibel. Erstaunt registrierten die Neuruppiner, dass aus dem wilden Hengstenbach anscheinend ein gläubiger Christ geworden war.

Franziska Blaumichl, die stadtbekannte Tratsch- und Gerüchtezentrale, wusste zu berichten, dass Daniel sich so benahm, seitdem er für mehrere Tage im hessischen Wetzlar gewesen war. Er sei mit einem ganzen Kofferraum voll grüner, blauer und weißer Gideon-Bibeln zurückgekehrt. Diese habe er kostenlos an Altersheime, Hotels und sogar an die Strafanstalt verteilt.

Auch Nancy hatte er ein Buch geschenkt. Ein besonderes

Exemplar, nämlich die blaue, großformatige, viersprachige Ausgabe. Diese lag für jeden gut sichtbar auf einem kleinen Tisch neben der Toilettentür.

Und noch etwas wusste Franziska zu berichten: Daniel hätte es auf Nancy abgesehen. Er umkreise sie wie eine Motte, würde so lange in der Kneipe bleiben, bis der letzte Gast gegangen war, und – dafür wolle sie sich aber nicht verbürgen – es würde behauptet, er habe das Lokal in so mancher Nacht gar nicht mehr verlassen. Aber wie gesagt, das sei nur so ein Gerücht.

Rocky ließ Daniel nicht aus den Augen. Der marschierte scheinbar nichts ahnend voran und hielt nach Waschbären Ausschau. Plötzlich blieb er regungslos stehen, schaute nach links, nach rechts, sah Rocky, nickte ihm kurz zu und bückte sich. Irgendetwas mit seinen Schuhen war nicht in Ordnung. Rocky ging langsam weiter, sehr langsam. Stehenbleiben konnte er nicht, das wäre aufgefallen. Jetzt war er auf gleicher Höhe mit Daniel. Auch Rocky schaute sich um. Die Kameraden waren schon weitergeschlichen, waren kaum noch zu sehen.

Die Gelegenheit ist günstig, dachte Rocky und hob langsam seine Büchse. Zunächst zielte er auf einen imaginären Waschbären rechts am Rande der Lichtung. Dann drehte er sich nach links, wobei er mit dem einen Auge durch das Zielfernrohr blickte. Immer weiter nach links. Bäume schoben sich am Visier vorüber, Büsche, ein alter Hochstand, wieder Bäume. Bis Daniel im Fadenkreuz auftauchte, nicht mehr kniend. Er stand aufrecht, sein Gewehr im Anschlag. Rocky zögerte. Das hatte er nicht erwartet. Danny, jetzt bist du dran!, ging es ihm durch den Kopf. Wie in Zeitlupe legte er den Zeigerfinger an den Abzug und summte dabei ein

Lied vor sich hin: „*When I hold you in my arms ... Ooooo-ooooh, oh yeah ... And when I feel my finger on your trigger Ooooooooh, oh yeah!*"

Ein Schuss löste sich, ein Aufschrei schallte durch den Wald, schmetterte gegen Bäume und verhallte im aufsteigenden Frühnebel eines neuen Tages.

Der Arzt versuchte vergeblich, den Blutfluss zu stoppen, war aber angesichts seines Alkoholpegels kaum in der Lage, aufrecht zu stehen, geschweige denn, konzentriert zu arbeiten.

Wieder öffnete Rocky die Augen, wieder starrte er zu dem kleinen Tisch. Einer der Umstehenden verstand, ging hinüber, griff die blaue Bibel und legte sie neben Rockys Kopf.

Von allen unbemerkt war Daniel hinter die Bar getreten und hatte sich neben Nancy gestellt. Noch immer trug er seine Handschuhe. Er nahm das Gewehr von der Schulter und reichte es unter dem Tresen an Nancy weiter, die es mit einem Küchentuch anfasste und, von den anderen unbemerkt, nach draußen trug. Sie legte es auf den Rücksitz des zweiten Jeeps, der dem Arzt gehörte, und nahm das Gewehr, das dort gelegen hatte, mit. Wieder zurück im Lokal übergab sie es Daniel, der es zunächst gründlich abwischte und dann seine Handschuhe auszog. Er fasste das Gewehr an verschiedenen Stellen mehrmals an und hängte es wieder über seine Schulter. Bevor er nach vorne ging, gab er Nancy einen Klaps auf den Po und zwinkerte ihr verschwörerisch zu.

Rocky versuchte den Kopf zu heben, wollte etwas sagen. Seine Worte gingen aber im Blutschwall unter, der wie eine Fontäne aus seinem Munde hervorschoss.

Als kurz darauf der Notarzt eintraf, hatte Robert Kartner schon seinen letzten Atemzug getan. Sein Kopf war zur Seite gedreht, seine linke Wange lag auf Gideons Bibel.

Zwei Monate später gab es auf Gut Hengstenbach ein rauschendes Hochzeitsfest. Am Ende des Gottesdienstes in der großen Eingangshalle des Landgutes wurde des kürzlich so tragisch ums Leben gekommenen Jagdkameraden Robert gedacht und um Gottesbeistand für den Arzt gebeten, der den Unfall verursacht hatte. Dass der Arzt sich nicht daran erinnern konnte, überhaupt geschossen zu haben, hatte das Gericht als Unzurechnungsfähigkeit auf Grund von Trunkenheit bewertet und ihn wegen fahrlässiger Tötung zu einer Freiheitsstrafe auf Bewährung verurteilt.

Mehr als auf die Hochzeitsnacht mit seiner Ehefrau Nancy freute sich unterdessen Daniel auf übermorgen, wenn er nun endlich in Wetzlar als Mitglied in den internationalen Gideonbund aufgenommen werden würde.

Stell dir vor

Szenische Machenschaften

<u>**Personen der Handlung:**</u>

Las Vegas Unit:

Joe de Luca: Statthalter des New Yorker Don Romeo Toscani in Vegas
Tony Pastore: de Lucas Assistent
Contabile Nick Molina: Finanzberater des Don
Consigliere Marc Mangione: Rechtsberater des Don
Mike Veronese: Mangiones Neffe und Mitarbeiter

Washington Unit:

Mr. Lincoln: Chief beim FBI
Sheila: seine Sekretärin
Mr. Rubinson: Special Agent aus New York
Mr. Hammond: Special Agent aus Las Vegas
Mr. Franklin: Special Agent für besondere Aufgaben

Ramstein Unit:

Mr. Jefferson: Mitarbeiter der CIA
(Mr. Franklin)

Documentary:

Elvis Presley: Sänger
Mark David Chapman: Mörder
John Lennon: Ex-Beatle

<u>**Orte der Handlung:**</u>

Las Vegas: Penthouse-Suite im Sands Hotel
Washington D.C.: J. Edgar Hoover Building, Zentrale des FBI
Ramstein Air Base, Deutschland: Büro der CIA

<u>**Zeit der Handlung:**</u>

zwischen August 1978 und Dezember 1980

Las Vegas, Sands Hotel, 8. Dezember 1980, 23.40 Uhr
„Schluss! Aus! Feierabend! Basta!"
„Soll das heißen, dass …?"
„Genau das! Ohne ihn: Nichts geht mehr! Kein John, kein Projekt."
„Weiß der Don schon Bescheid?"
„Davon gehe ich aus – und ich hoffe, dass er nicht ausgerechnet mir den Auftrag gibt, die Sache aufzuklären."
„Und was wird mit mir?"
„Fragst du das im Ernst, Tony?"

Washington D.C, J. Edgar Hoover Building, 4. Juli 1980
„Special Agent Franklin möchte Sie sprechen, Sir."
„Soll reinkommen."
Der Mann hinter dem Schreibtisch musterte seinen Besucher mit einem Blick, der sowohl Spottlust als auch gnadenlose Härte verriet.
„Sie heißen nicht zufällig mit Vornamen Benjamin?"
„Nein, Sir", antwortete der Angesprochene mit der hauchdünnen Andeutung eines Lächelns. „Aber ich könnte mich selbstverständlich auch Benjamin nennen – mein Name als Special Agent ist so wenig echt wie vermutlich der Ihre als Chief, Mr. Lincoln."
„Ich sehe, wir verstehen uns", antwortete Lincoln. „Was haben Sie mir zu sagen?"
„Wir haben eine Person gefunden, auf die alles zutrifft, was Sie sich vorgestellt haben."
„Wer ist ‚wir'?", fragte Lincoln unwirsch.
„Wir ist ich", sagte Franklin. „Die paar wenigen, die mir geholfen haben, haben nicht die geringste Ahnung, worum es überhaupt geht."
„Gut so", meinte Lincoln. „Je weniger etwas wissen, desto

besser – das gilt sogar für Sie selber. Und außer uns beiden darf hier im Hause keiner etwas von der Sache erfahren, schon gar nicht der Boss. Es wäre eine Katastrophe, wenn das FBI da hineingezogen würde – schlimmer als Watergate, wenn Sie verstehen."

„Ich tue mein Bestes", antwortete Franklin trocken. „Wie gesagt: Den Mann haben wir – jetzt müssen Sie das ‚Go!' geben."

„Und er funktioniert zuverlässig?"

„Machen Sie sich keine Sorgen, Chief", sagte der Special Agent und hielt die Finger seiner rechten Hand in Form einer Pistole. „Er ist programmiert wie eine Cruise Missile – und genauso wird er sein Ziel erreichen: lautlos und effizient."

„Ich gestehe, dass Sie mir fast ein wenig Angst machen!"

In Lincolns Stimme mischten sich Abscheu und Bewunderung.

„Sie machen mir auch Angst, Chief", meinte Franklin gleichmütig. „Aber ich schätze, so funktioniert unsere Firma nun mal."

„Kein Wort nach oben oder unten!", bekräftigte Lincoln. „Wer nichts weiß, muss später nicht lügen."

„Wer nicht lügen kann, sollte vielleicht nicht unbedingt zum FBI gehen", sagte Franklin kühl. „Noch einmal: Die Waffe ist geladen und ausgerichtet – Sie brauchen sie nur noch zu entsichern. Ich drücke dann ab."

Zwei Jahre zuvor

Las Vegas, Sands Hotel, 16. August 1978

„Nun, was lernen wir daraus, Tony?"

„Ich weiß nicht, was Sie meinen, Mr. de Luca."

Der Fernseher in der Bar von Joe de Lucas Penthouse-Suite lief schon den ganzen Nachmittag bei abgestelltem Ton. Bilder aus Memphis, aus Las Vegas, aus New York. Alte Bilder, neue Bilder. Weinende Menschen vor den Toren von Graceland. Wiederholungen, Wiederholungen, Wiederholungen: erschütterte Kollegen in Los Angeles, tief betroffene Politiker in Washington, hysterische Fans in London. Interviews, Konzertausschnitte, Karriererückblicke, Nachrufe. Und dazwischen Berichte über die Vorbereitungen zur Papstwahl, Bombenterror im Libanon, die erste Atlantiküberquerung in einem Ballon, das erste Retortenbaby in Großbritannien.

Es war der erste Todestag von Elvis Presley. Seit der King des Rock'n'Roll vor zwölf Monaten im Alter von 42 Jahren gestorben war, stand sein Thron verwaist. Und seine Untertanen waren kopflos – das machten die Fernsehbilder über die Fanaktivitäten in Memphis und anderswo hinreichend deutlich.

„Ich meine genau das hier“, belehrte Joe de Luca seinen Assistenten und deutete mit der Fernbedienung auf den Bildschirm.

Tony Pastore verstand immer noch nicht, worauf sein Boss hinauswollte.

„Das ist doch ganz einfach, Tony“, meinte dieser. „Es ist erstaunlich, wie viel sich an einem toten Elvis verdienen lässt – aber unglücklicherweise nur von denen, die sich rechtzeitig ihren Claim abgesteckt haben.“

„Ich dachte immer, Sie stünden eher auf Frank Sinatra?“

„Das ist auch so – zumal Mr. Sinatra ein Freund des Hauses ist“, nickte Joe de Luca. „Aber wenn du dir anschaust, wie all diese Leute hier verrückt spielen: Das wird sich in den kommenden Jahren fortsetzen und sogar noch verstärken, darauf möchte ich wetten. Und all diese Jünger kaufen Reliquien – wie die Pilger im Mittelalter. Nur dass es diesmal

Schallplatten sind und Poster und Bücher und Filme und Schlüsselanhänger mit Elvis-Bildern drauf und Feuerzeuge, die *It's Now Or Never* singen, wenn man sie betätigt."
„Dean Martin hat es als *O sole mio* viel besser als Elvis gesungen, nicht wahr, Sir?", bemühte sich Pastore, seinem Boss einen Gefallen zu tun.
„Aber gegen Enrico Caruso ist selbst Dino ein Nichts!", fuhr de Luca dazwischen. „Sieh zu, dass du eine Schallplatte mit Carusos Version auftreibst – die schenke ich dir dann zu Weihnachten."
„Danke, Sir", murmelte Pastore kleinlaut. „Kann ich sonst noch was für Sie tun, Mr. de Luca?"
„Das kannst du, Tony", sagte de Luca jovial. „In, sagen wir, sechs Wochen möchte ich von dir ein Konzept haben – was sage ich: eine Strategie, eine Vision – wo war ich stehen geblieben?"
„In sechs Wochen – eine Vision …"
„Richtig! Einen Plan: dass uns so etwas wie mit Elvis in Zukunft nicht mehr passiert."
„Was nicht mehr passiert, Sir?"
De Lucas griff einen Zahnstocher, an dem ein Papierfähnchen in den italienischen Nationalfarben angebracht war, und steckte ihn wie eine Zigarette in den Mundwinkel.
„Dass, wenn das nächste Mal eines von diesen *maledetti stronzi* abkratzt, wir wieder nicht am Gewinn beteiligt sind, klar?"
„Tut mir leid, Sir, ich spreche leider kein Italienisch", sagte Tony etwas verunsichert. „Es sind schon zu viele Jahre her, seit meine Großeltern …"
„Du hast mich schon verstanden", meinte de Luca ruhig. „Heute in sechs Wochen. Und kein Ton nach draußen, klar?"

„Klar, Sir! Vielleicht noch einen Tipp für mich?"
„Doch: *vaffanculo*!", sagte Joe de Luca mit breitem Grinsen. „Und lass Frank Sinatra aus dem Spiel, kapiert?"

Las Vegas, Sands Hotel, 11. Oktober 1978
„Tony, ich will dir unsere Gäste aus New York vorstellen, die du bisher wahrscheinlich nur vom Sehen kennst: Dieser Gentleman ist Consigliere Marc Mangione, der Rechtsberater von Mr. Toscani. Und das ist der ehrenwerte Contabile Nick Molina, der die Finanzen des Don verwaltet. – Bekanntlich hat alles, was in Las Vegas passiert, mit Geld zu tun, und zwar mit viel Geld – mit so viel Geld, dass mehrere Köpfe daran herumrechnen müssen, um den Überblick zu behalten."
Mangione und Molina verzogen erheitert das Gesicht, während sich Pastore beeilte, die erste Folie auf den Overhead-Projektor zu legen.
„Mr. de Luca, bitte sagen Sie, wenn ich anfangen soll."
„Jetzt sofort – damit wir noch Ergebnisse nach New York melden können, bevor dort die Lichter ausgehen."
Die beiden Besucher und Joe de Luca ließen sich entspannt in die Sitzgruppe sinken.
„Wir alle wissen, dass mich Mr. de Luca vor einiger Zeit beauftragt hat, ein Konzept zu entwickeln, wie wir unsere Geschäftsaktivitäten verstärkt auf die Bereiche Entertainment und Musik-Business ausdehnen können", begann Tony seinen Vortrag. „Anlass der Überlegungen war der Jahrestag des Todes von Elvis Presley. Dieses Ereignis hatte nämlich – wie Mr. de Luca treffend analysiert hat – für alle unmittelbar am Elvis-Imperium Beteiligten einen wahren Goldregen zur Folge."
„An Elvis kommen wir nicht mehr heran", unterbrach de

Luca die Ausführungen seines Assistenten. „Zur Sache, Tony! Zeit ist Geld!"
„Lass ihn doch, Joe", schaltete sich Mangione ein. „Du hast ihm einen Auftrag gegeben und den will er halt möglichst gründlich erledigen."
„Du hast recht, Marc – ich habe nur immer noch Schwierigkeiten, mich an diesen College-Tonfall zu gewöhnen", grummelte de Luca.
„Mr. Mangione, Mr. Molina", wandte sich Pastore an die beiden Abgesandten des Don. „Ich weiß nicht, ob Sie Anhänger von Elvis Presleys Musik sind, aber eines weiß ich: Elvis polarisiert. Die einen vergöttern ihn, die anderen verabscheuen ihn. Mr. de Luca zum Beispiel mag Frank Sinatra und Caruso – er ist bestimmt kein Elvis-Fan. Umgekehrt werden sich dessen Anhänger kaum für Sinatra und schon gar nicht für Caruso erwärmen. Das ist eine Tatsache."
„Worauf willst du hinaus, Tony?", fragte Mangione.
„Ich will damit sagen, dass die Anhänger von Elvis ihr Geld nur für Elvis ausgeben und nicht für Sinatra", sagte der Angesprochene. „Das gilt natürlich umgekehrt genauso. Und das heißt, dass derjenige, der sein Geld mit Elvis verdient, nicht an das Potential von Sinatra herankommt, obwohl auch das ganz beträchtlich ist."
„Wollt ihr einen Bourbon?", fragte de Luca in die Runde.
Mangione und Molina wehrten ab.
„Lass deinen Wunderknaben erstmal weitererzählen", meinte der Contabile. „Er hat offensichtlich einen guten Instinkt für ökonomische Zusammenhänge."
Pastore warf Molina einen dankbaren Blick zu und fuhr fort: „Die Herausforderung besteht also darin, sich an den Einnahmen eines Künstlers zu beteiligen, der eben nicht

polarisiert, den sie alle mögen, für den alle ihr Geld auszugeben bereit sind."
„Und so einen gibt es?", fragte Mangione skeptisch.
„Es gibt sogar vier!", sagte Tony triumphierend. „Sie heißen John, Paul, George und Ringo, gemeinsam bekannt als die Beatles."
„Da sind aber die Felle schon verteilt, oder nicht?", warf Molina ein. „Jedenfalls sind die doch seit Jahren nicht mehr zusammen."
„Seit acht Jahren nicht mehr", nickte Tony. „Aber vergessen Sie nicht, dass wir in Las Vegas sind, Gentlemen! – Mr. de Luca, Sie wollten von mir eine Vision. Hier ist eine: Wir bauen hier in Vegas das größte Themen-Hotel, das die Welt je gesehen hat. Dagegen wird ‚Caesars Palace' eine Geisterbahn in Disneyland sein!"
„Und das Thema sind – die Beatles?", fragte de Luca verblüfft nach.
„Richtig, Sir!", antwortete Tony. „Ich habe hier ein paar Folien vorbereitet – wenn ich jetzt vielleicht das Licht dimmen dürfte?"

Washington D.C., J. Edgar Hoover Building, 23. Februar 1979

„Wie lange bleiben Sie heute im Büro, Mr. Lincoln?"
„Höchstens noch eine Stunde, Sheila! Noch heute Abend fliege ich mit Mrs. Lincoln nach New Orleans. Dort feiern sie am nächsten Dienstag den berühmten Mardi Gras – bei sommerlichen Temperaturen!"
„Ich wusste gar nicht, dass Sie so etwas mögen, Sir."
„Wieso? Dürfen FBI-Mitarbeiter keinen Spaß am Leben haben?"
Dem Chief war die Vorfreude auf die bevorstehende Auszeit

deutlich anzumerken – so deutlich, dass seine Sekretärin ihn durch dezentes Räuspern darauf aufmerksam machen musste, dass sie noch ein Anliegen hatte.
„War noch was, Sheila?", fragte Lincoln leutselig.
„Da ist ein Fernschreiben aus New York angekommen, Sir. Von Special Agent Rubinson."
„Na, geben Sie schon her! Was hat Rubinson denn am Freitag Nachmittag noch so Wichtiges?"
Die Sekretärin reichte dem Chief das Telex hinüber. Schon beim ersten Blick auf die Nachricht nahmen Lincolns Züge einen alles andere als entspannten Ausdruck an.
„Machen Sie mir sofort eine Leitung nach New York!"
Der Text des Fernschreibens war äußerst knapp gehalten: TOSCANI IN SIZILIEN. INTERESSE?
Bevor Lincoln die Treppe hoch gefallen und in die FBI-Zentrale nach Washington gewechselt war, hatte er sich als Special Agent in New York an Romeo Toscani die Zähne ausgebissen. Toscani, ein mächtiger Don der Cosa Nostra, hatte sich just zu dem Zeitpunkt, als er in Lincolns Visier geriet, überraschend aus der organisierten Schwerkriminalität ausgeklinkt und sich zu einem erfolgreichen Geschäftsmann gewandelt, der zwar mit zwielichtigen Methoden am Rande der Legalität arbeitete, der aber dem Gewaltverbrechen allem Anschein nach abgeschworen hatte – zum Leidwesen von Special Agent Lincoln, der den Don gern wegen seiner mutmaßlich mörderischen Vergangenheit zur Strecke gebracht hätte.
„Hallo? Rubinson? – Danke, ich habe Ihr Telex bekommen. Und natürlich habe ich Interesse!"
„Dachte ich mir."
Man konnte Rubinsons Schmunzeln förmlich hören. Jeder halbwegs informierte FBI-Mann in New York wusste, dass

die Rache an Toscani für Lincoln Lebenstraum und Trauma bedeutete. Und Rubinson wusste außerdem, dass Lincoln wusste, was Toscanis Reise nach Sizilien bedeutete.
„Hat der Don also mal wieder große Pläne“, knurrte Lincoln in die Muschel.
„Vermutlich“, bestätigte Rubinson. „Immer wenn er ins Risiko geht, fliegt er vorher nach Palermo, um dort zu beichten.“
„Weil er hier keinem Priester 100-prozentig vertraut – nicht einmal solchen italienischer Abstammung!“
„Vielleicht ist er deswegen ja auch noch am Leben“, spöttelte Rubinson. „Aber Sie wollen doch bestimmt wissen, was da im Busch ist, oder?“
„Natürlich!“, sagte der Chief ungeduldig. „Schießen Sie los!“
„Genaueres wissen wir auch nicht“, dämpfte der Special Agent Lincolns Jagdtrieb. „Aber Mangione und Molina fliegen seit ein paar Wochen auffallend oft zwischen New York und Vegas hin und her.“
„Kenn ich nicht“, maulte Lincoln. „Die kamen wohl nach meiner Zeit.“
„Toscanis Consigliere und Contabile“, klärte Rubinson seinen Vorgänger auf.
„Wahrscheinlich das übliche Gesocks“, schnaubte Lincoln verächtlich. „Aber wenn’s um Vegas geht, sind bestimmt Prostitution und Drogen im Spiel – was auch sonst?“
„Da bin ich mir gar nicht sicher, Sir“, meinte Rubinson zurückhaltend. „Drogen hat der Don bekanntlich seit Jahren nicht mehr im Sortiment und mit Nutten ist der Markt gesättigt.“
„Also, was dann?“
„Dafür müsste man seinem Mann in Las Vegas auf den

Zahn fühlen", meinte der Special Agent. „Er heißt Joe de Luca und war früher hier in New York. Aber ich kann da nur aktiv werden, wenn bei uns vor Ort etwas anbrennt."

„Ich behalte die Sache mal im Auge", sagte Lincoln bestimmt. „Das Ding läuft in Vegas und somit sind Sie, jedenfalls fürs Erste, raus aus der Nummer. Aber danke, dass Sie an den alten Lincoln gedacht haben – wollen doch mal sehen, ob wir dem ehrenwerten Romeo Toscani nicht in die Suppe spucken können!"

„Na denn", meinte Rubinson zufrieden. „Eine gute Zeit in New Orleans, übrigens!"

„Äh – danke", murmelte Lincoln und legte auf.

Er war sich unschlüssig, ob er seine Sekretärin dafür zur Rede stellen sollte, dass sie fremde Special Agents über seine Urlaubspläne informierte. Aber dann dachte er an den Mardi Gras und an die unverhoffte Chance, Toscani vielleicht ein Bein stellen zu können.

„Bis übernächste Woche, Sheila! Wenn Sie brav sind, bringe ich Ihnen eine Duftkerze in der Form von Louis Armstrong mit!"

Las Vegas, Sands Hotel, 14. März 1979

„Der Don will wissen, wie weit ihr mit den Planungen seid, Joe", eröffnete Consigliere Mangione die heutige Runde.

Joe de Lucas Miene nach zu urteilen, gab es erfreuliche Nachrichten. De Luca goss für alle Bourbon auf Eis ein und reichte jedem persönlich das Glas, sogar seinem Assistenten Tony Pastore. Außerdem waren noch Contabile Molina sowie ein jüngerer Mann anwesend, den Mangione als seinen Neffen Mike Veronese vorgestellt hatte.

„Mike war auch auf dem College und er dürfte in deinem Alter sein", hatte Mangione zu Tony gesagt. „Außerdem spricht er so wenig Italienisch wie du – ihr werdet euch also bestens verstehen. Mike wird ab jetzt hier in Vegas bleiben und euch in der heißen Phase des Projekts unterstützen."

Pastore und de Luca wussten, was das bedeutete: Der Don hatte Blut geleckt und hielt das Hotel-Projekt für vielversprechend – sorgte aber auch durch die dauerhafte Abordnung eines weiteren Mannes für eine zusätzliche Kontrollinstanz.

„Ich darf sagen, dass es bezüglich der Flächenzuweisung und eines entsprechenden Planfeststellungsverfahrens keinerlei Probleme gibt", antwortete Joe de Luca auf Mangiones Eingangsbemerkung. „Und wenn wir das Architektenbüro Carlton & Kline in das Projekt einbinden, haben wir nicht nur keine Schwierigkeiten zu befürchten, sondern dürfen, im Gegenteil, auf die Unterstützung von maßgeblicher Seite aus rechnen."

„Das habe ich vorausgesetzt, Joe", sagte Mangione. „Das ist sozusagen die Pflicht. Aber wie schaut's bei der Kür aus?"

„Da übergebe ich das Wort an Tony", schmunzelte de Luca. „Ich weiß, dass er seit dem letzten Mal eine Menge Hausaufgaben erledigt hat."

Pastore stellte sein Whiskeyglas ab, ohne daran genippt zu haben.

„Wir haben", begann er, „uns bei unseren letzten Treffen vorrangig mit Fragen der Größenordnung und des möglichen Standorts des Hotels befasst, zum Beispiel ob es direkt am Strip oder doch besser außerhalb liegen sollte und ob in erster Linie eine inneramerikanische Zielgruppe oder, angesichts der Beatles-Thematik, nicht vielmehr ein vorwiegend internationales Publikum anzupeilen wäre."

„Das wissen wir alles, Tony", warf Mangione ungeduldig ein. „Und Mike weiß es von mir und Molina."

„Tony macht das schon richtig“, schaltete sich Mike Veronese ein. „Es ist bei Langzeitverhandlungen immer gut, am Beginn jeder neuen Sitzung den Faden vom letzten Mal aufzugreifen.“

„Hier spricht die neue Zeit!“, seufzte Mangione in gespielter Resignation. „Ich verstehe allmählich, was du mit dem College-Tonfall gemeint hast, Joe.“

Tony wartete einen Moment ab, ob sich noch jemand zu Wort melden würde, und fuhr auf einen Wink de Lucas fort: „Ich bin in den vergangenen Wochen viel herumgereist und habe mich umgesehen: in Reno, in Tijuana, in Atlantic City. Außerdem war ich in Liverpool, in London und sogar in Hamburg – immer auf den Spuren der Beatles, aber auch des professionell organisierten Vergnügens.“

Tony machte eine Kunstpause und nahm erstmals einen kleinen Schluck aus dem Whiskeyglas. Dann blickte er vielsagend in die Runde.

„Mir ist auf dieser Exkursion klargeworden, dass das herkömmliche Casino-Hotel mit Spielhalle und Konzertbühne zwar auch weiterhin ein Erfolgsmodell sein kann, aber nicht unbedingt das Lebensgefühl der Beatles-Generation abbildet.“

„Und was sollen wir sonst aufziehen?“, fragte Molina dazwischen. „Schließlich geht's doch ums Geldverdienen oder habe ich da was nicht mitgekriegt?“

„Lass mal, Nick“, beschwichtigte de Luca. „Tony weiß, was er sagt.“

„Mein Vorschlag wäre“, fuhr Pastore unbeirrt fort, „dass wir das Casino-Geschäft zwar integrieren und weiterentwickeln, aber außerdem noch eine ganze Beatles-Erlebniswelt draufsatteln – und somit auch Kunden anlocken, die an Roulette und Slot Machines kein Interesse haben.“

„Und wie soll das gehen?“, fragte Mangione skeptisch.

„So!“, antwortete Tony forsch, trank noch einen Schluck Bourbon und warf den Overhead-Projektor an.
„Bedenken Sie, Gentlemen, dass alles, was ich Ihnen jetzt vorstelle, lediglich Vorschläge sind, die Sie diskutieren, gegebenenfalls aber auch verwerfen können.“
Tony legte Folie um Folie auf den Projektor und entwarf wortreich eine umfangreiche Projektskizze, die sich sowohl an Songs aus dem Repertoire der Beatles als auch an charakteristischen Lebens- und Karrierestationen der Fab Four anlehnte.
„Man könnte die Gesamtanlage beispielsweise *Sgt. Pepper's Lonely Hearts Club* nennen. In der Abteilung *Yellow Submarine* befindet sich ein U-Boot, das sich durch fantastische Unterwasserwelten bewegt. Die Bar *Back in the USSR* ist in der Art eines russischen Cafés eingerichtet, mit roten Fahnen, tanzenden Kosaken und Kaminen, in denen man die geleerten Wodkagläser zerschmettert. Der *Starclub* ist ein Striplokal, wie sie Anfang der 60er-Jahre auf der Hamburger Reeperbahn üblich waren, in *Strawberry Fields Forever* gibt es nur Frischobst und Fruchtsäfte, in der *Penny Lane* vor einer nachempfundenen Liverpooler Hafenkulisse einen Friseursalon und Bushaltestellen und Kuchen vom Blech. *Lucy in the Sky with Diamonds* wird ein verschwiegenes Refugium für prominente Gäste mit Vorlieben für halluzinogene Substanzen, *All you need is Love* die Ü-21-Abteilung mit Topless-Bedienung und Gelegenheit zu intimen Damenbekanntschaften. Und die *Magical Mystery Tour* führt durch eine bizarr ausgestattete Casino-Landschaft, die einer psychedelischen Geisterbahn ähnelt. Wichtig ist, dass sämtliche Mode- und Designstile der Sixties vertreten sind – vom existenzialistischen Lederjacken-Rock der frühen Jahre über die schrille Hippie-Pracht der Mittsechziger bis zur lässigen

Carnaby Street-Ästhetik an der Schwelle zu den Seventies. Und natürlich muss an allen Ecken und Enden Livemusik gespielt werden, und zwar von Bands, die den Sound der Beatles nicht nur perfekt nachahmen können, sondern auch äußerlich als Doppelgänger durchgehen – von den Pilzköpfen der Frühzeit bis hin zu den bunt gewandeten Maharishi-Pilgern. – Zur Erinnerung hier noch eine Folie mit der *Sgt. Pepper's*-Schallplattenhülle: Genau so aufwendig und durchgeknallt muss der ganze Hotelkomplex werden! Wer da nach einer Woche rausgeht, muss das Gefühl mitnehmen, er sei in den Swinging Sixties persönlich dabeigewesen. Und nach zwei Wochen muss man glauben, man selbst sei eigentlich der ominöse ‚fünfte Beatle' gewesen."

Tony Pastore trank nach seinem ausgedehnten Referat den restlichen Whiskey aus seinem Glas, ordnete seine Folien und ließ wieder Tageslicht in die Suite. Mangione und Molina saßen schockstarr in ihren Sesseln. De Luca schenkte Bourbon nach.

„Wer trägt diesen Plan dem Don vor?", murmelte Mangione. „Ich sag's gleich: Ich kann das nicht."

„Ich mach's!", sagte Mike Veronese und nickte Pastore aufmunternd zu. „Du hast wirklich gute Ideen, Tony."

„Bliebe noch die Frage der Finanzierung", gab Molina zu bedenken. „Weil: Billig wird das nicht!"

„Darüber sollten wir uns vielleicht erst dann Gedanken machen, wenn sich Mr. Toscani zu den aktuellen Plänen geäußert hat", meinte Veronese. „Nicht wahr, Onkel?"

Washington D.C., J. Edgar Hoover Building, 11. Mai 1979

„Sheila, hatte ich nicht für jetzt eine Verabredung mit Special Agent Hammond aus Las Vegas?"

„Doch, Mr. Lincoln, hatten Sie! Und der Special Agent wartet schon hier draußen bei mir."
„So schicken Sie ihn doch herein!"
Lincoln testete – wie fast immer bei Leuten, denen er zum ersten Mal begegnete – zunächst das Humorverständnis seines Besuchers:
„Für Las Vegas haben Sie aber eine reichlich blasse Haut, Hammond – oder sind Sie erst seit Kurzem dort?"
„Seit gut vier Jahren, Sir, und im kommenden Jahr werde ich turnusgemäß nach Miami versetzt. Aber mit der Haut haben Sie recht: Ich bin irischer Abstammung und werde nicht so leicht braun – was für den Job von Vorteil ist, denn so kann man sich bei Bedarf leichter als Tourist tarnen."
Hammond schien von der hemdsärmeligen Art des Chief nicht im mindesten überrascht. Dieser kam unvermittelt zur Sache: „Vier Jahre? Das klingt gut! Dann wissen Sie auch, wer Joe de Luca ist?"
„Ein Wiseguy, Sir, aber einer von der besseren Sorte. Er ist so etwas wie der Botschafter von Romeo Toscani in Las Vegas – der Don selbst führt seine Geschäfte von New York aus."
Lincoln war einigermaßen verblüfft. Offenbar gab es beim FBI tatsächlich Leute, die glaubten, ihm erklären zu müssen, wer Romeo Toscani war!
„Welche Geschäfte betreibt Mr. de Luca denn für Toscani?", fragte er scheinheilig. „Schließlich haben Sie ja selbst gesagt, dass er von der besseren Sorte wäre."
„Das ist natürlich relativ", schränkte Hammond ein. „Aber in Sachen Gewalt, Drogen, Prostitution oder Pornografie scheint er – im Gegensatz zu anderen Wiseguys in Vegas – tatsächlich sauber zu sein. Außerdem ist er Dauermieter im ‚Sands' und das würde er sich wohl kaum getrauen, wenn er wirklich heiß wäre."

„Ich will die Branche wissen!“
„Das ist nun wiederum typisch Wiseguy: De Luca managt auf der einen Seite ein sogenanntes Opernhaus namens ‚La Scala‘ am Strip, wo er in Shorts und T-Shirt gekleidete Touristen aus Texas und Iowa mit drittklassigen Schmalspur-Versionen von Verdi- und Rossini-Opern beschallt – natürlich ohne den Besuchern zu erzählen, dass es sich dabei um groteske Zerrbilder der Originale handelt. Und dann unterhält er noch einen Fuhrpark mit diversen Luxuslimousinen und europäischen Sportwagen, damit die Hinterwäldler aus Montana oder Arkansas stilecht zum Pokertisch vorfahren können.“
Lincoln lächelte bitter. Er wusste, dass Romeo Toscani seinen Mitmenschen das Geld nicht immer auf so harmlose Weise aus der Tasche gezogen hatte – vom Umgang mit Gegnern oder Konkurrenten ganz zu schweigen.
„Sagen Ihnen die Namen Mangione und Molina etwas?“, wandte er sich wieder an Hammond. „Die beiden arbeiten für Toscani und sollen in der letzten Zeit auffallend häufig in Vegas aufgetaucht sein.“
„Darüber ist mir nichts bekannt, aber bei uns laufen so viele Leute mit italienischen Namen herum, dass wir erst dann die Lauscher stellen, wenn etwas halbwegs Konkretes vorliegt. – Wissen Sie zufällig die Funktionen dieser Herrschaften?“
„Ich weiß nichts zufällig, sondern alles aufgrund gründlicher Ermittlungsarbeit!“, antwortete der Chief ungehalten. „Und ich rate Ihnen, sehr schnell herauszufinden, ob es da etwas herauszufinden gibt. Ist das konkret genug?“
„Ja, Sir“, sagte der Special Agent kleinlaut. „Soll ich Sie anrufen, sobald ich etwas in der Hand habe?“
„Nein, Sie rufen nicht an, sondern Sie kommen wieder persönlich hierher nach Washington, um Bericht zu erstatten,

und dann w e r d e n Sie etwas in der Hand haben, klar?"
„Klar, Mr. Lincoln", murmelte Hammond schicksalsergeben. „Wann dachten Sie denn?"
„In spätestens vier Wochen – oder fünf, weil Sie es sind", meinte Lincoln auf einmal wieder versöhnlich. „Sagen Sie – aus welcher Ecke von Irland stammen denn Ihre Vorfahren?"

Las Vegas, Sands Hotel, auch 11. Mai 1979

„Nein, Joe, kein Whiskey! Wir fliegen heute Abend noch nach New York zurück."
„Bleib ruhig, Onkel Marc", sagte Mike Veronese. „Mr. de Luca hat alles im Griff."
„Dann reden wir doch gleich mal über die Finanzierung unseres Beatles-Projekts", schloss Contabile Molina an. „Der Don hat nämlich gerechnet und gerechnet und am Ende hat er mich noch einmal rechnen lassen und dann kam heraus ..."
„... dass das Projekt ungefähr fünfmal so teuer wird wie das ‚Caesars Palace' – das wolltest du doch sagen, Nick?", fiel Joe de Luca fröhlich ein. „Um ehrlich zu sein: Unsere eigene Kalkulation liegt sogar noch beträchtlich darüber, nicht wahr, Mike?"
„Aber wir wissen auch, wie wir die Sache gestemmt kriegen", schloss Veronese an. „Und wer, glaubt ihr, hatte mal wieder die geniale Idee?"
„Lasst mich raten: Tony Pastore", wagte Consigliere Mangione eine Prognose.
„Richtig, Marc", bestätigte de Luca. „Ich frage mich manchmal, was ich ohne Tony anfangen würde."
„Frag dich das lieber nicht zu oft, Joe, und vor allen Dingen nicht zu laut", sagte Mangione. „Du könntest den Don auf ungewöhnliche Gedanken bringen."

„Vielleicht sollten wir zur Abwechslung mal wieder übers Geschäft reden", beendete Molina den etwas heiklen Dialog. „Schließlich muss uns Mike in spätestens zwei Stunden wieder zum Flughafen fahren."

„Das kann doch mein Limo-Service machen", bot de Luca generös an.

„Nein, lass mal", sagte Mangione. „Wo ich meinen Neffen doch eh so selten sehe …"

„Ich glaube", mahnte Mike Veronese, „es wäre gut, wenn Tony etwas zu seinem Finanzierungskonzept sagen dürfte – vielleicht haben wir uns am Ende doch noch einen Bourbon verdient."

„Dann weißt du offenbar schon mehr!", sagte Mangione erwartungsfroh. „Leg los, Tony!"

Tony Pastore, der sich bislang im Hintergrund gehalten hatte, nahm auf einem Barhocker Platz.

„Heute keine Folien?", scherzte Molina.

„Nein", antwortete Tony. „Heute sind Argumente gefragt – entweder sie überzeugen oder sie überzeugen nicht."

Zwei Augenpaare waren mit Spannung auf Tony gerichtet, zwei weitere beobachteten die Szenerie vergleichsweise entspannt.

„Ich möchte Ihnen zunächst mitteilen, dass *Sgt. Pepper's Lonely Hearts Club* am 7. Februar 1984 eröffnen wird", ergriff Tony das Wort. "Warum gerade dieses Datum? Nun, es ist an diesem Tag exakt 20 Jahre her, dass die Beatles erstmals nach Amerika kamen und die ‚British Invasion' auslösten. Und in Anbetracht der Größe unseres Vorhabens müssen wir uns alle gewaltig anstrengen, wenn wir diese Zeitvorgabe einhalten wollen."

„Was aus Gründen der Symbolkraft von unschätzbarem Wert wäre!", warf Mike ein.

„Die Dimension unseres geplanten Projekts, da mache ich mir keine Illusionen, übersteigt wahrscheinlich sogar die finanziellen Möglichkeiten von Mr. Toscani“, sagte Tony. „Korrigieren Sie mich, Gentlemen, wenn ich etwas Falsches sage.“
Pastore richtete einen prüfenden Blick auf Mangione und Molina und fuhr beruhigt fort: „Das Ganze ist nicht ohne Kredite zu stemmen, aber da vertraue ich ganz auf die Reputation von Mr. Toscani, die Findigkeit von Mr. Molina und das Verhandlungsgeschick von Mr. de Luca. Trotz allem brauchen wir gerade in der Startphase eine mächtig sprudelnde Einnahmequelle, die uns hilft, sowohl die Kredite zu bedienen als auch möglichst schnell in die Gewinnzone zu kommen. Haben wir das geschafft, ist das Ding ein Selbstläufer ohne Beispiel in der Weltgeschichte.“
Das Wort ‚Weltgeschichte' hing im Raum, als Joe de Luca die weihevolle Stille unterbrach:
„Also, ich brauche jetzt doch einen Whiskey. Noch jemand außer mir?“
Alle brauchten.
„Mr. Molina“, setzte Tony seinen Vortrag fort. „Offen gefragt: Wäre Mr. Toscani in der Lage, aus dem Stand eine Milliarde Dollar aufzubringen?“
„Sag diese Zahl noch mal“, röchelte der Contabile.
„Eine Milliarde Dollar“, wiederholte Pastore. „Soviel würde ich nämlich den Beatles bieten, damit sie sich anlässlich der Eröffnung unseres Hotels für ein einmaliges Konzert wiedervereinigen würden. Und wenn man die Zweitverwertung mit einrechnet – also Plattenproduktion, Film- und Fernsehrechte, überhaupt den weltweiten Hype, der dann entsteht: Da halte ich, ehrlich gesagt, eine Milliarde für gut angelegt.“

Joe de Luca tat unbeteiligt. Mangione und Molina wollten etwas sagen, brachten aber beide keinen Ton heraus.
„Wir sollten jetzt fahren“, meinte Mike Veronese. „Ihr wollt doch heute Abend noch persönlich beim Don vorsprechen.“

Washington D.C., J. Edgar Hoover Building, 21. Juni 1979

„Schön, Sie wieder zu sehen, Hammond – Sie sehen blendend aus!“
„Danke, Mr. Lincoln! Aber brauner bin ich seit dem letzten Mal nicht geworden.“
„Beim nächsten Mal probiere ich es mit einer offiziellen Dienstanweisung – vielleicht klappt's dann!“
Special Agent Hammond wunderte sich über den aufreizend lockeren Ton, den der Chief diesmal anschlug. Aber er war lange genug beim FBI, um daraus keine falschen Schlüsse abzuleiten.
„Sie wollten bei unserem ersten Treffen wissen, ob es in Vegas etwas herauszufinden gäbe, und ich habe etwas herausgefunden!“
„Na bitte – hatte ich Ihnen doch damals schon vorausgesagt!“
Lincoln lächelte triumphierend.
„Allerdings sind die Informationen so verwirrend, dass man im Moment schwer sagen kann, was an der Sache wirklich dran ist“, sagte der Special Agent vorsichtig.
„Machen Sie's nicht so spannend, Mann!“, rief Lincoln. „Wir spielen hier nicht Jeopardy!“
Na also, dachte Hammond, Lincoln kann immer noch Chief.
„Also: Seit Mangione und Molina in Vegas ein- und ausge-

hen, putzt Joe de Luca bei den höchsten Stellen der Stadt- und Distriktverwaltung die Klinken und ist auch schon verschiedentlich beim Dinner mit dem Gouverneur von Nevada gesehen worden."

„Will er in die Politik gehen?", fragte Lincoln zweifelnd.

„Kann ich mir nicht vorstellen, Sir", meinte Hammond. „Die Sache scheint eher darauf hinauszulaufen, dass de Luca im Auftrag von Romeo Toscani einen riesigen Hotelkomplex plant, der alles bisher in Las Vegas Dagewesene in den Schatten stellt."

„Will er etwa Disneyland an den Strip holen?"

„Nein, aber die Beatles."

„Die Beatles ..."

Lincolns blaue Augen nahmen die Farbe von grauem Granit an.

„Special Agent Hammond – wie heißen Sie mit Vornamen?"

„Jeff."

„Also Jeff – mögen Sie eigentlich Johnny Cash?"

„Mehr als alles andere, Sir, aber ich verstehe nicht, was das mit ..."

„Sehen Sie, Jeff, genau darauf will ich hinaus! Sie verstehen nicht! Johnny ist Amerikaner, Sinatra ist Amerikaner, Elvis ist Amerikaner, Louis Armstrong ist Amerikaner – alles amerikanische Legenden, alles keine Engel, alle passend zu Las Vegas wie das Sternenbanner aufs Capitol!"

„Ich widerspreche Ihnen nicht, Sir, aber ich kann trotzdem keinen Zusammenhang ..."

„Na hören Sie mal, Hammond!"

Lincoln stand auf und ging zur Wand, wo eine riesige Weltkarte hing. Er deutete erst mit dem Zeigefinger auf England und suchte danach Las Vegas in der Mojave-Wüste.

„Wer um alles in der Welt könnte auf den abartigen Gedan-

ken kommen, irgendwelche drogensüchtigen, langhaarigen Rotzlöffel aus einer heruntergekommenen englischen Hafenstadt ins Allerheiligste des Showbusiness zu holen – zumal sich zumindest einer von denen auch noch als gottloser Kommunistenfreund feiern lässt!“
„Sie meinen John Lennon, Sir?“, fragte Hammond vorsichtig nach.
„Genau den! Der steht schon länger auf unserer Liste!“, schnaubte der Chief und ließ sich wieder hinter dem Schreibtisch nieder.
„Nun, ich weiß nicht, ob das für Toscanis Leute eine Rolle spielt“, meinte der Special Agent. „Aber nach allem, was wir wissen, plant de Luca ein riesiges Themen-Hotel zu den Beatles und die sollen eigens zur Eröffnung dieses Hotels noch einmal zusammen auftreten – was wohl die größte Weltsensation seit der Auferstehung Jesu wäre!“
„Lassen Sie diese Scherze!“, blaffte der Chief. „Sagen Sie mir lieber, woher Sie diese Informationen haben!“
„Aus dem Umfeld von Toscani und de Luca“, antwortete Hammond ausweichend.
„Ich will Namen hören, Special Agent!“
„Mike Veronese.“
„Kenn ich nicht.“
„Ist vom Don von New York nach Vegas abgestellt worden, um die Baustelle zu überwachen.“
„Und ausgerechnet der erzählt euch, was der Don vorhat?“ Lincoln mahlte mit dem Unterkiefer und fixierte den Special Agent mit starrem Blick.
„Uns nicht“, sagte Hammond mit dünnem Lächeln. „Aber einer unserer freien Mitarbeiterinnen, die er für die Erbin eines texanischen Ölbarons hält. Er sucht nämlich noch Sponsoren für das Projekt.“

Der Chief trommelte nervös mit den Fingern auf die Schreibtischplatte.
„Romeo Toscani will also die Beatles nach Las Vegas holen und sich dabei einen goldenen Arsch verdienen“, knurrte er. „Sollte mich allerdings wundern, wenn da was draus wird.“
„Zumindest ist es nicht illegal und insofern wieder typisch de Luca“, warf Hammond ein. „Ich persönlich sehe das Problem eher bei der Finanzierung einer solch gigantischen Anlage.“
„Dieses Problem dürfte mit einem Auftritt der Beatles ja wohl gelöst sein“, überlegte Lincoln – plötzlich hellte sich seine Miene auf: „Das heißt: falls sie dort auftreten …“

Las Vegas, Sands Hotel, 2. Oktober 1979
„Gewonnen, Tony! Der Don bewilligt eine Milliarde Dollar!“
„Danke, Mike.“
Tony Pastores Kreislauf drohte für einen Moment wegzukippen und Tony war sich nicht sicher, ob das vor jäher Freude über die sich bietenden Optionen geschah oder vielmehr wegen des gewaltigen Drucks, ab jetzt im Zugzwang zu sein.
Wie Romeo Toscani wohl reagieren würde, falls er, Tony, die Milliarde in den Sand setzen würde? Stimmten die Gerüchte über das Vorleben des Don? Nach allem, was man sich hinter vorgehaltener Hand zuraunte, war Toscani früher nicht zimperlich gewesen, wenn ihm jemand quer kam.
„Haben wir auch Mitarbeiter in der Firma, die keinen italienischen Namen haben?“, fragte Tony.
„Warum fragst du?“, gab sich Mike Veronese ahnungslos.
„Weil wir jetzt diverse Leute kontaktieren müssen, die nicht beim ersten ‚Hallo‘ automatisch an La Cosa Nostra denken sollen“, erklärte Tony bereitwillig.

„Bogdanovich – Greenberg – Thompson – Ruiz“, überlegte Veronese. „Wofür brauchst du sie genau?“
Er stellte sich absichtlich begriffsstutzig.
„Einer von ihnen muss reihum bei den Beatles vorfühlen, ob und unter welchen Bedingungen sie mitmachen würden – erst dann kann man ein offizielles Angebot unterbreiten.“
Veronese schenkte sich einen Bourbon ein, und zwar weil Joe de Luca nicht dabei war, einen von der teuren Sorte.
„In dem Fall scheidet Bogdanovich schon mal aus“, sagte er. „Er ist nämlich bei Toscani als Gärtner angestellt. – Ruiz ist Puertoricaner. Er ist gewissermaßen der Lateinamerika-Korrespondent des Don und deshalb nicht nur ausgelastet, sondern auch ein bisschen zu prominent für diskrete Aktionen. – Thompson ist Officer bei der Zollbehörde in New York und dort für den Don unabkömmlich.“
„Bliebe also noch Greenberg“, folgerte Pastore. „Was spricht gegen den?“
„Er ist wegen eines kleineren Drogendelikts vorbestraft und muss deshalb ein bisschen vorsichtig auftreten“, meinte Veronese. „Er hat längere Zeit an der Westküste als Radio-DJ gearbeitet und managt heute für den Don in Manhattan und Brooklyn die Restaurant-Kette ‚Katzman's Deli' – dort sind sogar die Salami koscher, wie Greenberg behauptet.“
„Meinst du, Mr. Greenberg hätte Zeit und Lust, nach Las Vegas zu kommen?“, fragte Tony. „Vielleicht schon bald, wenn in New York die Nächte kühler werden und ein paar Tage Wüstenklima ganz gut tun?“

Washington D.C., J. Edgar Hoover Building,
4. Januar 1980

„Frohes neues Jahr erstmal, Mr. Lincoln!“
„Danke, für Sie auch, Rubinson! Schön, dass wir uns mal

persönlich kennenlernen." Lincoln bot seinem Besucher aus New York einen Platz an und nahm ihn genauer in Augenschein.
„Irgendwie hatte ich Sie größer in Erinnerung", sagte er schließlich.
„Das ist kaum möglich, Sir", lächelte der Special Agent. „Erstens bin ich nicht geschrumpft und zweitens haben wir uns meines Wissens noch nie gesehen."
„Sie vielleicht mich nicht", gab der Chief kühl zurück. „Aber glauben Sie etwa, ich hätte die Personalakte meines Nach-Nachfolgers in New York nicht ausgiebig studiert – einschließlich der dort deponierten Fotos?
„Ich verstehe jetzt, weshalb Sie bei den Jungs in New York immer noch einen Ruf wie Donnerhall haben", meinte Rubinson. „Sogar bei den Wiseguys."
„Womit wir beim Thema wären!"
Lincoln nahm unwillkürlich eine Körperhaltung ein, die Entschlossenheit und Angriffslust signalisierte. Man möchte ihn nicht zum Gegner haben, dachte Rubinson, und schon gar nicht zum Feind. Aber solange man auf derselben Seite stand, auch das glaubte Rubinson zu spüren, war die eigene Sache bei Lincoln in guten Händen.
„Kennen Sie Greenberg?", fragte der Special Agent und fuhr auf ein kurzes Kopfschütteln des Chiefs fort: „Er ist einer der wenigen Nicht-Italiener in der Firma von Romeo Toscani und er arbeitet als Geschäftsführer einer umsatzstarken Deli-Kette, die dem Don gehört."
„Klingt zunächst einmal nicht so spannend."
„Warten Sie's ab, Chief", meinte Rubinson. „Greenberg war früher in L.A. im Musikgeschäft tätig und hat entsprechend gute Kontakte – allerdings auch eine kleine Vorstrafe, die in seinen Kreisen als Kavaliersdelikt gilt: Er ist einmal beim

Tausch ‚Kokain gegen Radioeinsätze' aufgeflogen – Bestechung in Tateinheit mit Drogenbesitz. Damals war Ronald Reagan Gouverneur von Kalifornien und man wollte wohl ein Exempel statuieren."
„Der gute alte Reagan!", sinnierte Lincoln, „Wie man hört, will er wohl der nächste Präsident werden."
Rubinson zuckte mit den Schultern.
„Vor ein paar Jahren wollte er das schon mal, hat sich aber bei der Kandidatenvorrunde nicht gegen Gerald Ford durchsetzen können."
„Ist ja auch egal", beendete der Chief den kleinen Exkurs. „Was hat es mit diesem Greenberg auf sich?"
„Es sieht so aus, als würde sich Greenberg neuerdings wieder als Musikmanager betätigen", meinte Rubinson mit wissendem Lächeln. „Diesmal allerdings im Auftrag des Don – oder de Lucas, ganz wie Sie wollen."
„Also geht es um die Beatles", schloss Lincoln messerscharf. „Hammond hat Sie doch wohl über Toscanis Pläne in Vegas ins Bild gesetzt?"
„Allerdings, Sir. – Also: Greenberg hat auf den Bahamas eine Künstleragentur mit dem unverfänglichen Namen ‚Treasure Island' gegründet – und es liegt auf der Hand, dass es seine vorrangige Aufgabe ist, die Beatles wieder zusammenzutrommeln."
„Abwarten!", knurrte Lincoln drohend.
„Also, wenn er's denn wirklich schaffen sollte – ich glaube, ich würde auch hingehen."
„Special Agent!", rief der Chief seinen träumenden Kollegen zur Räson. „Weiß man denn, ob Greenberg in dieser Angelegenheit überhaupt schon weitergekommen ist?"
Rubinson wiegte den Kopf.
„Ringo wäre wohl interessiert und George zumindest nicht

grundsätzlich abgeneigt. Aber Paul und John sind die härtesten Nüsse – vor allem John."
„Ist Greenberg gut?"
„Leider ja, Chief."
„Dann wollen wir mal sehen, ob er besser ist als ich", meinte Lincoln lapidar.
„Kaum, Sir", grinste der Special Agent.
„Mal unter uns, Rubinson: Was ist eigentlich Ihr Lieblingssong von den Beatles? Im Vertrauen: Meine Frau mag vor allem *Lovely Rita* – ob Sie's glauben oder nicht: Sie hat nach dem College tatsächlich mal eine Weile als Knollenkuh gejobbt …"

Ramstein Air Base bei Kaiserslautern, Deutschland, 19. Februar 1980

„Herzlich willkommen in K'town, Mr. Franklin! Zum ersten Mal hier in Deutschland?"
„Nein, Mr. Jefferson. Zwei Jahre lang bei ‚AFN Europe' in Frankfurt – ist aber schon eine Weile her."
Auf dem Fernsehbildschirm flimmerten Bilder von den Olympischen Winterspielen in Lake Placid.
„Blöde Zeitverschiebung!", seufzte Jefferson. „Die interessantesten Sachen bekommt man hier nur als Zusammenfassung – wenn man sich nicht die Nacht um die Ohren schlagen will."
Der Special Agent machte eine wegwerfende Handbewegung. „Im Flugzeug steht die Zeit sowieso still", meinte er. „Und dort verbringe ich vermutlich mehr Zeit als auf dem Boden – deswegen haben wir auch keine zu verlieren."
„Richtig, Mr. Franklin! Sie hatten sich wegen eines bestimmten Personenprofils an uns gewandt und ich glaube, wir hätten da jemand im Angebot."

Franklin nickte stumm. Normalerweise gab es keine direkte Zusammenarbeit zwischen dem FBI und der CIA, vor allem nicht in Angelegenheiten, die nicht unmittelbar die nationale Sicherheit betrafen. Aber Franklin war eben kein normaler FBI-Mann. Das wussten Lincoln und auch Jefferson, aber sonst nicht viele.

Jefferson reichte dem Special Agent eine Mappe hinüber, die ein Dossier enthielt.

„Ich lasse Sie jetzt erstmal allein, damit Sie die Sache in Ruhe durchgehen können, Mr. Franklin. Kaffee?"

„Ja, bitte! Der Kaffee ist doch hoffentlich auf kontinentaleuropäische Art gebraut?"

„Selbstverständlich", schmunzelte Jefferson. „Genau wie das Bier, das wir hier trinken."

Franklin ging die Akte durch. Ein komischer Typ, dieser Mark David Chapman. Den Fotos nach zu urteilen, ein unsympathischer, verschwiemelter Fettsack. 1955 in Texas geboren, in einer Soldatenfamilie aufgewachsen, entsprechend häufiger Wohnortwechsel. Unerquickliche Familienverhältnisse, früher Kontakt mit allen Arten von Drogen, darunter auch LSD und Heroin. Fanatischer Beatles-Fan, mit 16 Jahren Hinwendung zu einem evangelikal ausgerichteten Christentum, Engagement bei der YMCA. Erste Anzeichen einer Persönlichkeitsstörung: Chapman beginnt, sich mit dem rebellischen Hauptcharakter des Romans ‚Der Fänger im Roggen' zu identifizieren; weiterhin Jugend- und Sozialarbeit für die YMCA. Schwere Schuldgefühle wegen sexuellen Umgangs mit einer ebenfalls evangelikal ausgerichteten Freundin, erste Selbstmordgedanken. Ausbildung zum bewaffneten Sicherheitsmann, Übersiedelung nach Hawaii. 1977 missglückter Selbstmordversuch durch Autoabgase, Einweisung in die Psychiatrie. 1978 sechswöchige

Weltreise auf den Spuren des Films ‚In 80 Tagen um die Welt', weiterhin Selbstidentifikation als ‚Fänger im Roggen'. 1979 Heirat mit einer japanisch-stämmigen Amerikanerin, Jobverlust, schwerer Alkoholmissbrauch.

„Wie ist der Typ eigentlich in Ihre Kartei gekommen?", fragte der Special Agent den mittlerweile zurückgekehrten CIA-Mann.

„Er hat bei den psychotherapeutischen Gesprächen angegeben, dass er einmal in Anerkennung seiner Verdienste als Sozialarbeiter für vietnamesische und libanesische Flüchtlinge die Hand von Präsident Ford schütteln durfte. Man hat das überprüft und es stimmt. Außerdem hatte er viele Auslandskontakte und war selber im Mittleren Osten gewesen. Also sind wir ihm bei seiner Weltreise quer durch Asien und Europa auf den Fersen geblieben."

„Und was, glauben Sie, macht ihn für – für diese spezielle Anforderung des FBI interessant?", fragte Franklin.

Jefferson goss sich einen Kaffee ein, nahm an seinem Schreibtisch Platz und legte die Beine auf den Tisch.

„Mr. Chapman ist nach unserer Überzeugung nicht nur ein bemitleidenswerter Sonderling, sondern eine tickende Zeitbombe – und so etwas suchen Sie doch, nicht wahr?"

„Wo ist der Zünder?", fragte Franklin.

„Chapman ist eine zutiefst zerrissene Persönlichkeit", antwortete Jefferson. „Auf der einen Seite Sex und Drogen, auf der anderen Seite religiöse Wahnvorstellungen und Schuldgefühle. Auf der einen Seite eine an Besessenheit grenzende Hingabe an die Beatles und ihre Musik, auf der anderen Seite Hassgefühle vor allem gegen John Lennon wegen dessen Bemerkung, die Beatles seinen populärer als Jesus. Und im Hintergrund immer der ‚Fänger im Roggen'."

„Wo findet man diesen komischen Heiligen?“, wollte Franklin wissen.
„Nach unserem derzeitigen Wissensstand in Honolulu“, sagte Jefferson. „Aber hier beugt sich die CIA der Kompetenz des FBI. – Noch'n Bier vor dem Rückflug?“
„Wegen mir gerne auch zwei oder drei“, meinte Franklin. „Schließlich soll ich doch vergessen, dass ich überhaupt hier war.“

Las Vegas, Sands Hotel, 10. April 1980
„Greenberg ist klasse!”, schwärmte Joe de Luca.
Er schritt zur Bar und schenkte für alle einen doppelten Bourbon ein.
„Was habt ihr denn erwartet?“, sagte Mike Veronese selbstgefällig. „Etwa, dass ich euch einen Amateur empfehle?“
„Und wie hat er das jetzt gedeichselt?“, fragte Tony Pastore. „Schließlich äußert sich McCartney ja alles andere als freundlich über Lennon – sofern er sich überhaupt äußert.“
„Pauls Frau Linda engagiert sich sehr für Tierschutz“, lächelte Veronese. „Und Paul dementsprechend auch. Wenn sich nun, so dachte Greenberg, zufällig jemand fände, der Linda davon überzeugen könnte, dass Paul mit der Viertelmilliarde Dollar Gage für ein einmaliges Reunion-Konzert beispielsweise eine entsprechende Stiftung ins Leben rufen könnte …“
„Greenberg ist klasse!“, rief Tony aus.
„Sag ich doch“, bekräftigte de Luca. „Salute!“
Es klopfte an der Tür der Suite. Auf einen Wink de Lucas öffnete Tony und führte Consigliere Mangione und Contabile Molina herein.
„Ich sehe, du hast den Whiskey für uns schon im Glas, Joe!“, bemerkte Mangione anerkennend. „Was für ein Service!“

„Und ich habe sogar das Mischungsverhältnis von Bourbon zu Eis exakt auf eure Ankunftszeit hin berechnet, weil ich wusste, dass ihr pünktlich sein würdet", grinste de Luca.
„Offenbar gibt es was zu feiern", meinte Molina.
„Allerdings!", bestätigte de Luca. „Tony?"
Pastore setzte sich in Pose.
„Gentlemen, heute ist sowohl ein trauriger Tag als auch ein Freudentag. Traurig insofern, als exakt heute vor zehn Jahren Paul McCartney das Ende der Beatles verkündet hat. Erfreulich andererseits, als ich Ihnen mitteilen kann, dass sowohl Ringo Starr, George Harrison und nunmehr auch Paul McCartney einem einmaligen Konzert anlässlich der Eröffnung unseres Hotels zugestimmt haben."
„Fehlt also nur noch Lennon", fügte Joe de Luca hinzu.
„‚Nur' ist gut!", sagte Mike Veronese. „Das wird der härteste Brocken überhaupt. Aber vielleicht ist es ein Vorteil, dass er in New York lebt."
„Wieso ein Vorteil?", hakte Mangione nach.
„Nun, Onkel – wo unsere Firma doch dort ihren Geschäftssitz hat", meinte Veronese hintergründig.
„Du meinst …?"
„Na ja, er wohnt doch im Dakota Building, Central Park West. Und wenn ihm Bürgermeister Koch das Angebot macht, mit seiner Gage einen Teil des Parks als ‚John Lennon & Yoko Ono Universal Peace Garden' anzulegen, wird er womöglich nicht Nein sagen."
„Und warum sollte sich ausgerechnet Ed Koch engagieren?", fragte Tony skeptisch.
Mangione, Molina und de Luca grinsten sich augenzwinkernd zu. „Weil es in New York Leute gibt, die ihren Einfluss auf Mr. Koch geltend machen können", beantwortete de Luca Tonys Frage.

„Und wenn alle Stricke reißen, kann Greenberg ja noch Lennie Bernstein und Andy Warhol einschalten", sagte Mike Veronese.
„Die kennt er persönlich?"
„Ja, Tony. Und Frank Sinatra auch."
„Apropos – Mr. Sinatra hält sich derzeit hier im ‚Sands' auf und wird heute Abend in der VIP-Lounge ein kleines Privatkonzert vor handverlesenem Publikum geben", warf Joe de Luca ein. „Ich habe uns einen Tisch reservieren lassen."

Washington D.C., J. Edgar Hoover Building, 19. Mai 1980

„Was gibt's, Hammond? Bitte machen Sie's kurz, hier in der Zentrale ist die Hölle los!"
„Warum denn, wenn ich fragen darf, Mr. Lincoln?"
„Sie dürfen nicht!", schnaubte der Chief. „Ich habe Ihnen doch gesagt, dass ich keine Zeit habe. Aber weil Sie's eh schon getan haben – bitte sehr: In Miami haben sie letzte Woche vier Bullen freigesprochen, die einen Schwarzen totgeprügelt haben. Völlig idiotisch! Und jetzt explodiert die Stadt!"
„Hoffentlich beruhigt sich das Ganze wieder, wenn ich demnächst dorthin wechsle", meinte der Special Agent treuherzig. „Aber weshalb ich Sie überhaupt angerufen habe …"
„Heraus damit!", fauchte Lincoln. „Ich bin weiß Gott beschäftigt!"
„Also, es sieht so aus, als ob Joe de Lucas Vorhaben auf bestem Weg wäre: Die Baugenehmigung ist durch, die Pläne sind abgenickt, der erste Spatenstich samt Pressekonferenz findet statt, sobald de Luca grünes Licht gibt. Las Vegas rollt Romeo Toscani den roten Teppich aus."
„Und auf was wartet er dann noch?", fragte der Chief gereizt.

„Auf John Lennon, Sir"
„Ah – gut!", kommentierte Lincoln die Information des Special Agent. „Sagen Sie, Hammond, sprechen Sie eigentlich Spanisch? Das ist unten in Miami unbedingt empfehlenswert, falls Sie mal eine Kubanerin kontaktieren müssen."

Las Vegas, Sands Hotel, 2. Juni 1980

„Alles klar, Jungs!"
„Sag das bitte nochmal!"
„Er macht's!"
„John Lennon?"
„Ja doch!"
Joe de Luca ging ins Schlafzimmer seiner Suite, wo auf einer Anrichte ein kleiner Hausaltar mit einem Kruzifix, dem Bildnis der Madonna sowie dem Foto seiner Eltern aufgebaut war.
„Grazie, Signore", flüsterte er und bekreuzigte sich. Dann ging er wieder hinaus zu Tony Pastore und Mike Veronese.
„Woher hast du die Nachricht?"
„Ein Anruf von meinem Onkel", sagte Mike. „Und später hat sich Greenberg noch persönlich gemeldet."
„Wann gehen wir damit raus?"
„Leider nicht so schnell wie ich es mir wünschen würde", fiel Pastore ein. „Erst muss im Juli der 40. Geburtstag von Ringo in den Medien gefeiert werden, dann der 40. von John im Oktober. Anschließend wird Johns neues Album veröffentlicht und für das Weihnachtsgeschäft promotet, sodass wir sinnvollerweise erst im nächsten Jahr an die Öffentlichkeit treten werden."
„Dann aber auch gleich", fiel Veronese ein. „Der 2. Januar 1981 fällt auf einen Freitag. Wir liegen dann in einer erfahrungsgemäß weltweit nachrichtenarmen Zeitzone und

haben ein komplettes Wochenende vor uns – und genau da schlagen wir mit unserer Kampagne zu!"
„Es gibt noch einen Pferdefuß", druckste Tony herum. „Das Management der Beatles will die Hälfte der Gage im Voraus haben – und zwar sofort."
„Keine Sorge", beruhigte Joe de Luca. „Schließlich ist es nicht unser Geld, sondern das des Don."

Washington D.C., J. Edgar Hoover Building, 11. Juni 1980

„Schön, dass Sie sich freimachen und herkommen konnten, Rubinson!"
„Das war kein Problem, Mr. Lincoln. Drüben in Italien fängt heute die Fußball-Europameisterschaft an und da sind die New Yorker Italiener beschäftigt – die Wiseguys eingeschlossen."
„Kinderkram!", meinte der Chief verächtlich. „Aber Sie wissen etwas, was Sie mir nicht am Telefon sagen wollten."
„Richtig, Sir! Und ich bezweifle, dass Ihnen meine Nachrichten gefallen werden."
Lincolns Körper zog sich zusammen wie der einer Raubkatze vor dem tödlichen Sprung.
„Lennon?"
„Leider ja! Die New Yorker Kultur- und Polit-Schickeria hat ihn so lange bearbeitet, bis er sich dazu herabgelassen hat, die 250 Millionen Dollar Gage zu akzeptieren. Damit darf und will er sich im Central Park ein Denkmal setzen. Und angeblich ist er sogar im kommenden Jahr für den Friedensnobelpreis im Gespräch."
Der Chief schlug energisch mit der Faust auf den Tisch. „Den kann er sich gleich mit Romeo Toscani teilen – für angewandte Menschenfreundlichkeit in mehr als 20 Fällen!", brüllte er.

„Bitte beruhigen Sie sich, Mr. Lincoln“, bat der Special Agent erschrocken.
„War das alles, was Sie mir zu sagen hatten?“, krächzte der Chief.
„Nein, Sir. Sie erinnern sich an Mr. Greenberg, der das Ganze eingefädelt hat“, sagte Rubinson vorsichtig. „Also, nach unseren Informationen werden beim großen Beatles-Reunion-Konzert in Las Vegas illustre Ehrengäste erwartet: So sind unter anderem Gastauftritte von Bob Dylan, Miles Davis, Luciano Pavarotti und Michael Jackson angedacht.“
„Noch was?“, röchelte Lincoln erschöpft.
„Ja, Chief“, sagte der Special Agent zögerlich. „Leonard Bernstein wird das Orchester dirigieren und Sylvester Stallone soll durch die Show führen.“
„Ist schon etwas nach draußen durchgesickert?“
„Nein, die halten alle dicht – es geht dabei für sämtliche Beteiligten schlicht um zu viel Kohle. Nach allem, was man hört, platzt die Bombe Anfang kommenden Jahres.“
„Ich danke Ihnen für alles, Mr. Rubinson“, sagte der Chief generös. „Ich werde die Sache jetzt persönlich weiterverfolgen und bitte Sie, unsere Gespräche in den letzten Monaten möglichst vollständig zu vergessen.“
Der Special Agent hatte verstanden.
„Selbstverständlich, Mr. Lincoln! Es war mir eine Ehre, Sie kennengelernt zu haben.“

Washington D.C., J. Edgar Hoover Building, 13. Juni 1980

„Sheila, bereiten Sie bitte ein Fernschreiben an Special Agent Franklin vor! Ich werde die Codenummer dann selbst eingeben.“
„Bitte, Sir?“

„Schreiben Sie: LONG JOHN SILVER AUF TREASURE ISLAND GELANDET. FLINT."

Die Sekretärin war zu lange Mitarbeiterin des Chief, um sich über kodierte Meldungen und verschlüsselte Nachrichten zu wundern.

„Ein schönes Wochenende, Mr. Lincoln – und seien Sie vorsichtig!"

Der Chief zuckte zusammen: „Warum sagen Sie das?"

„Na, weil heute doch Freitag der 13. ist, Sir."

Washington D.C, J. Edgar Hoover Building, 4. Juli 1980

„Ich gestehe, dass Sie mir fast ein wenig Angst machen!"

In Lincolns Stimme mischten sich Abscheu und Bewunderung.

„Sie machen mir auch Angst, Chief", meinte Franklin gleichmütig. „Aber ich schätze, so funktioniert unsere Firma nun mal."

„Kein Wort nach oben oder unten!", bekräftigte Lincoln. „Wer nichts weiß, muss später nicht lügen."

„Wer nicht lügen kann, sollte vielleicht nicht unbedingt zum FBI gehen", sagte Franklin kühl. „Noch einmal: Die Waffe ist geladen und ausgerichtet – Sie brauchen sie nur noch zu entsichern. Ich drücke dann ab."

„Es muss noch in diesem Jahr passieren", sagte Lincoln. „Nicht zu bald, aber auch nicht zu nah an Weihnachten dran – vielleicht Ende November?"

„Ich werde sehen, was ich tun kann", antwortete der Special Agent. „Als nächstes erfahren Sie alles Notwendige aus den Fernsehnachrichten."

„Franklin …"

„Ja?"

„Ach, nichts."

Las Vegas, Sands Hotel, 6. November 1980

„Wie laufen die Vorbereitungen, Joe?"

„Willst du das wissen, Marc, oder der Don?"

„Das macht wohl keinen Unterschied, oder?"

„Warum ist Nick nicht mitgekommen?"

„Er begleitet Signore Toscani bei den Weihnachtseinkäufen – und er kennt die Herren aus der Kreditabteilung im Allgemeinen besser als der Don selbst!"

„Kann ich mir denken."

„Du hast meine Frage noch nicht beantwortet, Joe."

„Das werde ich auch nicht tun, Marc. Dafür habe ich schließlich Tony – wo treibt der sich eigentlich herum, Mike?"

„Hier ist er doch schon, Mr. de Luca."

„Tony, Consigliere Mangione hat sich nach dem Stand der Dinge erkundigt."

„Oh, keine Sorge, Mr. Mangione! Wir haben für die internationale Pressekonferenz eine 40 Meter lange und 15 Meter hohe Nachbildung des gelben Unterseeboots aus dem *Yellow Submarine*-Film herstellen lassen. Es wird als Traglufthalle auf dem Gelände des künftigen Hotels stehen. Von den Beatles selbst werden George Harrison und Ringo Starr anwesend sein. Die beiden werden auch den ersten Spatenstich machen. Für den musikalischen Teil sorgt eine All Star-Band mit George und Ringo sowie Billy Preston an den Keyboards und Klaus Voormann am Bass. Und am Ende hebt das Unterseeboot zu den Klängen von *Something* wie ein Zeppelin vom Boden ab und entschwebt über die Mojave-Wüste Richtung Sonnenuntergang."

„Woher wollt ihr wissen, dass der Wind das Ungetüm nach Westen treibt?"

„Weil wir einen Motor mit Fernsteuerung installiert haben, Onkel."

„Nun denn: auf die Beatles!“
„… und auf’s Geschäft, Gentlemen!“

Las Vegas, Sands Hotel, 8.Dezember 1980, 23.40 Uhr
„Schluss! Aus! Feierabend! Basta!“
„Soll das heißen, dass …?“
„Genau das! Ohne ihn: Nichts geht mehr! Kein John, kein Projekt.“
„Weiß der Don schon Bescheid?“
„Davon gehe ich aus – und ich hoffe, dass er nicht ausgerechnet mir den Auftrag gibt, die Sache aufzuklären.“
„Und was wird mit mir?“
„Fragst du das im Ernst, Tony?“
„Ja, Mr. de Luca. Wird Mr. Toscani wegen des geplatzten Projekts wohl ungehalten reagieren?“
„Vielleicht nicht, wenn du ihm das bereits investierte Geld zurückholst.“
„Und wenn sich das als schwieriger herausstellt, als es sich vielleicht anhört – wird er dann richtig wütend, Mike?“
„Unter Umständen ja, Tony – frag Mr. de Luca!“
„Jungs, das war ein arbeitsreiches Jahr für mich. Ich hab noch ein paar Tage Urlaub aufgespart, die ich ab sofort abnehme. Ihr findet mich in Acapulco oder auf Barbados – voraussichtlich. Ich werde mich gelegentlich melden. Vielleicht bleibe ich auch über Weihnachten und Neujahr. Haltet ihr beiden die Stellung, ja?“

Washington D.C., J. Edgar Hoover Building, 9. Dezember 1980
„Schreckliche Sache, was, Rubinson?”
„Sie erwarten doch keine ehrliche Antwort von mir, Mr. Lincoln?“

„Nein, aber ich hätte eine Bitte: Könnten Sie veranlassen, dass Mr. Toscani anonym ein Blumengebinde zugestellt wird – auf der Karte soll nur stehen: ‚Flowers Bring Insight'. Geht das?"
„Was soll die Botschaft ‚Blumen bringen Einsicht' denn bedeuten?"
„Denken Sie an *Lucy in the Sky with Diamonds* und LSD – ich bin sicher, dass der Don versteht."

„Das wär's soweit, Mr. Collins. Glauben Sie, dass das funktionieren könnte?"
„Was meinen Sie, Charles?"
„Könnte man schon ein brauchbares Drehbuch daraus machen."
„Und wie lange würden Sie dafür brauchen?"
„Keine zwei Wochen."
„Wie sind Sie auf die Idee für diesen Plot gekommen, Rick?"
Jim Collins, der erfolgreiche Hollywood-Produzent, ließ seine Blicke abwechselnd auf das Script, dessen Verfasser Rick und seinen Drehbuchautor Charles schweifen.
„Sie sind nicht begeistert, Mr. Collins", meinte Rick zaghaft.
„Verstehen Sie mich nicht falsch, Rick. Ich finde Ihr Storyboard durchaus überzeugend – aber: Glauben Sie wirklich, ich würde das Überleben meines Studios aufs Spiel setzen, indem ich eine Geschichte verfilme, die die Ermordung John Lennons als Komplott zwischen FBI und CIA darstellt, ausgelöst durch den privaten Rachefeldzug eines frustrierten FBI-Beamten? Nein, Rick, machen Sie da einen Roman draus oder meinetwegen ein Theaterstück, das Sie auf eigenes Risiko off-Broadway herausbringen – ich wünsche Ihnen jedenfalls viel Glück dabei!"
„Hätten Sie vielleicht sonst noch eine Idee?", wandte sich

Charles in tröstender Absicht an den jungen Autor.
„Ja, aber noch nicht ausgearbeitet", meinte Rick resigniert. „Zum einen geht mir eine Art moderne Version des Aschenputtel-Stoffs durch den Kopf: Erfolgreicher Geschäftsmann aus New York engagiert in Beverly Hills eine gutherzige Bordsteinschwalbe als zeitweilige Begleiterin, verliebt sich in sie und heiratet sie am Ende trotz aller Widrigkeiten."
„Nur weiter, Rick!", nickte Jim Collins aufmunternd. „Fantasie ist hier in Hollywood das A und O!"
„Dann schwebt mir noch eine allerdings sehr aufwendige Geschichte vor. Die haben doch kürzlich das Wrack der ‚Titanic' entdeckt und sind auch schon runtergetaucht. Ich stelle mir eine Geschichte vor, wie bei einer Expedition zum Wrack eine sehr alte Überlebende der Katastrophe dabei ist, die dem Expeditionsleiter die Geschichte des Untergangs berichtet. Da sie damals ein junges Mädchen war, gehört natürlich eine saftige Liebesgeschichte dazu, die in Rückblenden erzählt wird. Die dramatische Geschichte von der Kollision mit dem Eisberg bis zum Untergang müsste in Echtzeit verfilmt werden. Und das Ganze lebt auch davon, dass die ‚Titanic' bis ins kleinste Detail des Besteckkastens eins zu eins nachgebaut werden müsste."
„Träumen Sie weiter, junger Mann!", lächelte Collins. „Schließlich ist dies das Kapital der Traumfabrik."
„You may say I'm a dreamer", murmelte Rick, „but I'm not the only one ..."
„Nicht schlecht – ist das auch von Ihnen?"

Ein Tag im Leben

Stern: Frau Kirchherr, Sie gelten als die berühmteste Friseuse der Welt.
Kirchherr: Das Thema verfolgt mich seit bald 40 Jahren. Ich bin keine Friseuse, sondern Fotografin … Ich habe den Pilzkopf nicht erfunden …
(Stern: 30.08.2001)

Auf der Großen Freiheit sind nur noch Touristen unterwegs. Neugierige, die zu früh kommen, oder Nachtschwärmer, die ihr Hotel suchen. In der Davidwache tippen Beamte ihre letzten Berichte über die Einsätze der vergangenen Nacht. Die Ausnüchterungszellen sind überfüllt mit schnarchenden Männern und Frauen aus der ganzen Welt. Die Reeperbahn sieht aus wie jede andere Straße, der Vormittagsverkehr schiebt sich an den geschlossenen Bars und Vergnügungspalästen vorüber. Aus tiefergelegten, schwarz lackierten Golf- und BMW-Cabriolets wummern monotone Bässe. Die Sonne steht über der Speicherstadt, die Wasserstrahlen der Reinigungsfahrzeuge funkeln im Gegenlicht. Es ist ruhig auf St. Pauli. Der Stadtteil atmet leise und erholt sich von der Nacht.

Dieser Samstag begann ruhig wie immer. Um kurz nach acht stand er auf, holte sich beim Bäcker um die Ecke zwei Brötchen, bei Bernd am Kiosk das ‚Abendblatt' und bei Susi zwei Bananen. Ein Samstag wie jeder Samstag. Ein Samstag, wie er sich bis auf wenige Ausnahmen seit über 40 Jahren wiederholte. Wäre es nicht sein 60. Geburtstag gewesen, hätte es vielleicht noch viele dieser Samstage gegeben.

Als er später in der Küche seiner grundsanierten Zweizimmerwohnung in der Nähe der Speicherstadt saß, biss er lustlos in ein Brötchen. Brötchen mit Honig, wie seit 40 Jahren. 43, korrigierte er sich, und schlug die Zeitung auf.

I read the news today, oh boy, about a lucky man who made the grade

„Als auch noch George den Löffel abgab, musste ich handeln. So langsam sterben mir die Zeugen weg. Die Welt soll endlich erfahren, wie es wirklich war. Seit 40 Jahren behaupten sie, Astrid sei es gewesen. Das ist glatt gelogen, stimmt einfach nicht. I c h hatte die Idee. Die alten Griechen und Römer oder auch dieser Schauspieler Jean Marais waren meine Vorbilder. Die Deutschen hatten doch noch immer diesen Hitler-Schnitt drauf. Ausprobiert haben wir die neue Frisur zunächst an Stuart. Ich weiß es noch wie heute. In Paris, in einem Hotelzimmer. Paul hat rumgezickt und John hat vor dem Spiegel einen Lachanfall nach dem anderen bekommen."

Er schiebt den Vorhang langsam zur Seite. ‚Am Brunnenhof' fahren Polizeiautos vor, Streifenwagen mit blinkendem Blaulicht und Transporter des MEKs. Im Haus gegenüber laufen maskierte Scharfschützen die Treppen hinauf. Auf dem Dach, hinter den Schornsteinen, erkennt er ausgerichtete Gewehrläufe. Er lässt den Vorhang wieder los und schlurft auf die kleine geflieste Dachterrasse auf der anderen Seite der Wohnung. In der Paul-Roosen-Straße das gleiche Bild. Aber das interessiert ihn nicht. Denn von hier aus blickt er direkt in das Zimmer! Das Zimmer im ersten Stock, über dem ehemaligen Bambi-Kino. Koschmider hatte sie dort untergebracht. Kleine, düstere, unbeheizte Räume, neben einer Toilette, die ständig müffelte. Er erinnert sich noch genau, wie er mit Astrid und Klaus die fünf dort abgeholt hatte, wie sie dann auf der Großen Freiheit entlang bis hinunter zum ‚Kaiserkeller' gelaufen waren.

Bevor ihn die Erinnerungen übermannen, dreht er sich um und schaut die beiden an.

„Es tut mir leid für euch. Ihr könnt ja nichts dafür. Da gab's euch noch gar nicht. Aber die Haustür stand offen, und eure Wohnung hier unter dem Dach liegt perfekt. Ihr braucht keine Angst zu haben."

Well, I just had to laugh

Friseur lernte er im Geschäft seines Vaters. Ein paar Straßen weiter wohnte Astrid. Sie hatte gerade ihr Studium beendet. An jenem Tag im Oktober holte er Astrid und Klaus ab, um sich gemeinsam einen Film anzusehen. Nach der Vorstellung schlenderten sie die Große Freiheit entlang und hörten aus dem ‚Kaiserkeller' laute, wilde, ungewohnte Musik, die sie sofort anzog.

Der Keller dröhnte und dampfte, auf der kleinen, wackligen Bühne stampften ‚Rory Storm and the Hurricanes'. Gerade als sich die drei Freunde bis nach vorne gedrängelt hatten, war der Song zu Ende und die Musiker gingen ab. Keine fünf Minuten später stieg ein junger Mann auf die Bühne. In der einen Hand hielt er eine Flasche Bier, mit der anderen trug er lässig eine Gitarre. Im Mundwinkel hing eine Zigarette, deren Qualm ihm direkt in die Augen zog.

Das war Paul!

„Wisst ihr, was das für ein Gefühl ist, wenn man ständig und überall liest, Astrid sei die Erfinderin? Und keiner nennt meinen Namen, keiner will mich kennen. Auch Paul nicht.

Nicht einen einzigen meiner Briefe hat er beantwortet. Astrid kann nichts dafür, die hat mehrmals, auch öffentlich, zugegeben, dass sie nicht die Erfinderin ist. Und John und Paul haben was durcheinander gebracht, als sie behaupteten, der Jürgen Vollmer sei es gewesen. Jürgen war Fotograf, ein verdammt guter übrigens – aber doch kein Friseur ..."

In diesem Moment klingelt das Telefon. Er zuckt kurz zusammen, lässt es vier-, fünfmal klingeln und hebt dann ab.

„Ja?" Er lauscht angespannt. „Mindestens Tagesschau … und Paul muss herkommen … ich weiß, dass er noch in Hamburg ist … das ist euer Problem … Also hört zu: In einer Stunde ist das Fernsehteam hier oben, zusammen mit ihm. Und keine verkleideten Polizisten, die sich als NDR-Reporter ausgeben. Nur der Jo Brauner oder diese Anne Will. Und dann live auf Sendung. Ich schalt die Glotze an. Noch genau 55 Minuten … ihr wisst, was dann passiert. Ende der Durchsage."

Er drückt den roten Knopf des Funktelefons und steckt es zurück in die Basisstation. Seine feuchten Hände wischt er an der engen Lederhose ab.

„Schaut sie euch an, die Klamotten! Genauso sind wir damals schon rumgelaufen. Das war die Idee von Astrid. Schwarze Lederkluft, schwarze spitze Lederstiefel mit hohen Absätzen. Die haben wir rund um die Uhr getragen. Egal, wie heiß oder kalt es war. Im November war es schon ziemlich kalt damals, könnt ihr mir glauben."

And though the news was rather sad, I saw the photograph

Auf der vierten Seite stand der Bericht über ein Konzert in der AOL-Arena. Der ebenfalls 60-jährige Paul hatte mit seinen Songs wie immer das Publikum begeistert.

Und da verlor er seine Gegenwart, seine Zukunft. Sein

Leben, sein gotterbärmliches Leben war zu Ende und er wusste, warum es so erbärmlich gewesen war. Wie hinter einer dicken Nebelwand hatte es ihn durch die Straßen seiner Stadt getrieben. In einer Hand hielt er die Zeitung, in der Innentasche drückte das Metall. Warum er dieses Ding eingesteckt hatte, wusste er nicht. Ziellos stolperte er über Kreuzungen hinweg, bog in irgendwelche Gassen ein, drehte um, rannte in die entgegengesetzte Richtung, blieb stehen. Er starrte nach oben, die Häuser begannen sich zu drehen, er rannte weiter. Er redete laut, lachte laut, schluchzte in sich hinein. Und plötzlich stand er in der Schmuckstraße. An der Ecke zur Großen Freiheit. Gegenüber Nummer 36. Da wusste er, was er wollte ...

Das Gegröle vom ‚Millerntor' reißt ihn zurück auf die Terrasse im fünften Stock des Eckhauses ‚Am Brunnenhof'. Eigentlich wirkt Hamburg friedlich hier oben, über den Dächern.

Er sieht hinunter, auf die Straßen, sieht die kleinen Ramschläden, die türkischen, griechischen und arabischen Kneipen, den Obst- und Gemüseladen an der Ecke zur Großen Freiheit, den Penny- und Plus-Markt, bevor er das Gewusel von Polizisten und Reportern registriert.

Er geht zum Spiegel, fährt mit einer Hand durch seine spärlichen, grauen Haare und summt eine Beatles-Melodie. Sein Gesicht verliert die Falten, das Haar wird voll und schwarz, wird zu einer Presley-Frisur. Er hört den schnarrenden Bass, scheppernde Becken und stampfende Füße auf Bühnenbrettern. Dann drängen sich quietschende Hebekrähne in den Vordergrund, donnernd abgeladene Container lassen das Trommelfell pfeifen. Er, der Junge aus Hamburg, er, der Erfinder der ‚Pilzköpfe', malocht Tag für Tag im

Hafen, während die vier aus Liverpool die Hitlisten erobern, Millionen Schallplatten verkaufen, Millionen verdienen. Seine ‚Beatle-Frisur' wird zum Symbol der Jugendrevolte, wird Modetrend. Er schuftet weiter, heiratet, bekommt zwei Töchter, wird geschieden, zieht in ein abbruchreifes Haus, schuftet weiter für den Unterhalt der arbeitsunwilligen Frau und der Kinder. Längst ist die Pilzfrisur von schulterlangen Haaren abgelöst worden. Er schreibt verzweifelt Briefe an Paul, an John, an George …

Dann der Winter 1980. Er kommt leicht angetrunken und müde von der Spätschicht. Wie jeden Tag zieht er aus dem aufgebrochen Briefkasten die Werbung. Fast übersieht er einen Brief. Einen Brief aus den USA. Ein Brief von John! Handgeschrieben!

‚We'll come to Hamburg, at 12th of December. Maybe we'll meet at Starclub. Greetings, John and Yoko.'

Jetzt wird alles gut. John würde sagen, wer der wahre Erfinder der Beatles-Frisur ist …

Woke up, got out of bed

Im Spiegel erscheint wieder sein ausgemergeltes, von Falten zerfurchtes Gesicht. Er zieht den Reißverschluss seiner Jacke hinunter. Das ehemals weiße Unterhemd ist zerschlissen und löchrig. Er bleckt die braunen Stummelzähne und grinst.

„Gab einen gewaltigen Aufruhr, als Pete das Kondom angesteckt hat und plötzlich die Tapeten lichterloh brannten. Fast wäre vom ‚Bambi' nur noch Staub und Asche übrig geblieben."

Erneut geht er hinaus auf die Terrasse. Über die Dächer hinweg kann er bis zum Hafen blicken. Der Wind wird stärker und treibt Wolkenberge über die Stadt.

Alle sind nur seinetwegenhier. Allein seinetwegen. Befriedigt gleitet sein Blick hinüber zum ehemaligen Bambi-Kino. Er bemerkt, wie das Fenster – das Fenster von genau dem Zimmer, in dem Pete das Kondom angezündet hatte – geöffnet wird und ein Maskierter sein Gewehr anlegt. Mit einer schnellen Drehung bringt er sich in Sicherheit. Er geht hinüber zum Sofa und überprüft die Fesseln und Knebel seiner beiden Gefangenen.

„Die Stunde ist bald um. Aber die werden machen, was ich will."

John war nicht gekommen. John wurde erschossen, drei Tage vor dem großen Treffen. Nicht er stand im Scheinwerferlicht, ein anderer hatte ihm die Schlagzeilen gestohlen …

Brutal reißt er den jungen Mann an den Haaren hoch und schiebt ihn vor sich her auf die Terrasse, während er einen Revolver aus der Halftertasche zieht. Er drückt den Lauf gegen die Schläfe seiner am ganzen Körper zitternden Geisel.

Wie eine Explosion zerfetzt der Schuss die Ruhe von St. Pauli.

I saw a film today, oh boy

„Sie begreifen jetzt, dass ich es ernst meine. Ihre Scharfschützen können mich mal. Und glauben Sie nicht, dass ich nicht weiß, was im Treppenhaus los ist. Wenn Ihre Leute hier reinkommen, werden Sie keine Lebenden mehr vorfinden … Ich bin völlig ruhig, so ruhig wie noch nie in meinem Leben … Nein, ohne Paul geht nichts … überreden Sie ihn, zwingen Sie ihn, wie auch immer … Sagen Sie ihm, dass es die ‚Pilzköpfe' ohne meine Idee niemals gegeben hätte … sagen Sie ihm, er soll sich an Paris 1960 erinnern, an das Hotelzimmer …"

Er sitzt neben seinen beiden Gefangenen auf dem Sofa.

Die Beine übereinander geschlagen, zurückgelehnt, das Telefon in der linken, den Revolver in der rechten Hand.

„Und noch eins: Der nächste Schuss geht nicht in die Luft!"

Dabei zwinkert er dem jungen Mann zu, der seinen Kopf gegen die Schulter der Frau lehnt. Diese schließt die Augen, Tränen quellen über das bleiche Gesicht. Sie schluchzt leise und versucht einen Würgereiz zu unterdrücken.

He blow his mind out in a car

Was hat der Polizeipsychologenfuzzi gesagt? ‚Sir Paul McCartney kann nicht kommen. Er ist schon auf dem Weg zum Flughafen. Seine Maschine startet in einer halben Stunde. Ich soll Sie aber herzlich grüßen.'

„Sir Paul grüßt mich!"

Er wendet sich seinen Opfern zu. Sein Gesicht verwandelt sich in eine Fratze, er ballt die freie Hand zu einer Faust und schlägt sie dem jungen Mann mit voller Wucht in den Magen. Der schreit auf, stürzt wimmernd zu Boden und kotzt auf die Holzdielen. Mit weit aufgerissenen Augen windet sich die Frau in ihren Fesseln und stößt unverständliche, dumpfe Grunzlaute hervor. Er beugt sich über sie, sein stinkender Atem nimmt ihr die Luft.

„Sir Paul grüßt mich!", zischt er ihr ins Gesicht, hebt seine Hand, holt aus, die Frau zuckt zusammen – doch er hält inne und beginnt eine Melodie zu summen. Dann steht er auf, geht zur Musikanlage, holt aus seiner Jackentasche eine CD und schiebt sie in den Player.

Er zündet sich eine filterlose Zigarette an, steckt sie genauso in den Mundwinkel wie es Paul vor über 40 Jahren getan hatte. Der Geruch des Rauchs vermischt sich mit dem Gestank von Erbrochenem und Angstschweiß. Aus den

Lautsprechern erklingen die ersten Töne einer akustischen Gitarre, Klavierakkorde kommen hinzu, John Lennon beginnt zu singen.

Er nimmt die Zigarette aus dem Mund, bewegt sich wie in Zeitlupe auf die Frau zu, deutet mit der Glut auf ihre Wange. Sie schließt die Augen.

„Sir Paul grüßt mich! Er ist schon auf dem Weg zu seinem Privatjet … bestimmt zu seiner neuen Frau … die arme Linda … John … George … sie grüßen mich …“

Somebody spoke and I went into a dream

Plötzlich und ohne Zögern eilt er hinaus auf die Dachterrasse, hebt seinen Revolver und zielt auf den MEK-Schützen im Fenster der Wohnung im ersten Stock des Hauses in der Paul-Roosen-Straße 33. Erneut wird die Ruhe von St. Pauli zerrissen. Während sein Gesicht auf den Fliesen aufschlägt, verhallt im Zimmer der Schlussakkord.

Idseschdem röh

Es ist gar nicht so einfach, Mitglied in unserem Club zu werden. Ich bin mir sogar ziemlich sicher, dass Sie keine Chance hätten – es sei denn, Sie könnten das Vaterunser in sieben verschiedenen Sprachen, darunter Arabisch, in einen einzelnen Kirschkern schnitzen. Oder die Strecke von Boston nach San Francisco auf Händen zurücklegen, und zwar ausschließlich bei Nacht.

Unser Club ist international aufgestellt und nennt sich *United Oddballs*, also ‚vereinigte Exzentriker'. Bedingung für die Aufnahme ist entweder eine spektakuläre Fähigkeit, über die allem Anschein nach nur Sie allein verfügen, ein skurriles Hobby, das ausschließlich von Ihnen ausgeübt wird, oder eine fixe Idee, die Sie planmäßig und zielgerichtet verfolgen.

Die Mitglieder des Clubs treffen sich einmal im Jahr an exklusiven Orten – etwa ein Golfhotel in Feuerland, eine Abtei im Hohen Atlas, ein zum Luxusliner umgebautes U-Boot – und präsentieren dort ihre neuesten Kreationen, Ideen und Leistungen. Und es gilt als Ehrensache, dass man bei jedem Jahrestreffen eine Steigerung gegenüber dem Vorjahr anstrebt. Wenn Sie beispielsweise wegen Ihres nächtlichen Marathons auf Händen von Küste zu Küste in den Club aufgenommen worden sind, sollten Sie beim nächsten Jahrestreffen einen ähnlichen Lauf – vielleicht von Moskau nach St. Petersburg – nachweisen, diesmal allerdings ohne Benutzung von Brücken: Ein echter Oddball durchquert Flüsse und Bäche eben im Taucheranzug – im Handstand durch das Flussbett, wohlgemerkt. Oder: Jemand arbeitet seit Jahren an einem detaillierten Konzept, das die Errichtung gigantischer Atomkraftwerke auf dem Mond vorsieht.

Der Vorteil: Bei eventuellen Unfällen bleibt die Erde von Strahlenverseuchung verschont. Das Problem: Wie kommt die erzeugte Energie auf die Erde? Die bisher favorisierte Lösung: Durch Hin-und-Her-Transport hochleistungsfähiger Akkus und Batterien mittels Space-Shuttle. Die Vision fürs nächste Jahrestreffen: Zerlegung der lunar gewonnenen Kernenergie in Photonen, die zur Erde gebeamt, dort in Kollektoren gesammelt und zwecks Einspeisung in die Verteilersysteme in Elektrizität konvertiert werden. Alles klar?

Mein Spezialgebiet, wenn ich das mal so sagen darf, sind die Beatles. Ich bin seinerzeit in den Club aufgenommen worden, weil ich die Texte sämtlicher Beatles-Songs rückwärts aufsagen kann. Beim folgenden Jahrestreffen habe ich dann das komplette *Revolver*-Album rückwärts gesungen, Melodie und Text. Aber man muss gerade als Exzentriker aufpassen, dass man nicht in Routine erstarrt und die Exzentrik nicht zur Manie verkommt. Deshalb habe ich mir für das nächste Mal etwas Neues einfallen lassen.

In der Kürze liegt die Würze: Der kürzeste Beatles-Song, *Her Majesty* vom *Abbey Road*-Album, dauert gerade mal 23 Sekunden. Wie viele Straftaten, so fragte ich mich, kann man wohl innerhalb von 23 Sekunden begehen? Die eigentliche Herausforderung lag darin, eine 23-sekündige kriminelle Aktion zu planen, die sich in einem Kürzestfilm dokumentieren ließ, dessen Soundtrack eben aus *Her Majesty* besteht. Hätten Sie vielleicht eine Idee? Ich hatte eine.

Erst einmal ging es an die Hausaufgaben. Ich hatte gehört, dass es professionellen Autoknackern gleichsam im Vorübergehen gelingt, ein Auto aufzubrechen und mittels Kurzschluss zu starten: Zwischen der Berührung des Türschlosses und dem Tritt aufs Gas vergehen oft kaum fünf Sekunden. Dieses Wissen machte ich mir zunutze, seine Aneignung kostete mich allerdings erhebliche Zeit und Anstrengung. Abgesehen davon, dass es keineswegs leicht ist, Kontakt zu Kreisen herzustellen, die bereitwillig entsprechenden Nachhilfeunterricht erteilen – auch die erforderliche technisch-handwerkliche Geschicklichkeit will nicht nur mühsam erworben, sondern durch ständige Praxis aufgefrischt werden.

Nachdem ich mir in diesem Punkt sicher war, kam es nun darauf an, das Setting für meinen Kriminal-Kurzfilm entsprechend meiner Versuchsanordnung auszuwählen. Stellen Sie sich eine Straßenkreuzung mit Ampelregelung vor und vor einer dieser Ampeln sind seitlich Parkbuchten eingerichtet. In der der Ampel am nächsten gelegenen Parkbucht ist zu regelmäßigen und darum verlässlich kalkulierbaren Zeiten ein Porsche abgestellt. Auf der gegenüberliegenden Seite der Kreuzung befindet sich ebenerdig ein Spielzeugladen, dessen große Schaufenster rechtwinklig aufeinanderstoßen. Ahnen Sie schon, worauf ich hinauswill? Ich sag's Ihnen gleich – halt: Ich musste natürlich noch unauffällig zwei Videokameras installieren, damit die Oddballs-Kollegen auch wissen, dass ich nicht mit billigen Tricks arbeite. Und jetzt passen Sie auf:

Her Majesty by Lennon/McCartney (eigentlich ist es ja nur Paule, aber egal).

0 sec:

einleitender Akkord im Fortissimo. Start der Videoaufzeichnung; gleichzeitiger Kontakt mit dem Porsche-Türschloss.

2 sec:

Her Majesty's a pretty nice girl, but she doesn't have a lot to say.
Aufbrechen des Türschlosses; gewaltsame Entsicherung der Lenkradsperre; Zündung mittels Kurzschluss.

7 sec:
Her Majesty's a pretty nice girl, but she changes from day to day.
Start mit voller Beschleunigung; Überfahren der roten Ampel und Überqueren der Kreuzung unter Inkaufnahme der Behinderung und Gefährdung der vorfahrtberechtigten Fahrzeuge; ungebremste Rammfahrt in den Schaufensterbereich des Spielwarengeschäftes samt Glasbruch, Zerstörung von Waren und Dekorationsmaterial; Gefährdung beziehungsweise Erschrecken von Kunden und Angestellten.
11 sec:
I want to tell her that I love her a lot, but I gotta get a belly full of wine.
Verlassen des beschädigten Porsche; Diebstahl eines Plüschteddybären sowie eines Kuschelsauriers; energisches Wegschubsen eines zufällig im Laden befindlichen uniformierten Polizisten, der versucht, sich mir in den Weg zu stellen (nicht eingeplante Sonderpunkte!).
16 sec:
Her Majesty's a pretty nice girl – someday I'm gonna make her mine, oh yeah.
Schleudern eines Feuerlöschers durch die ganz gebliebene Schaufensterscheibe über Eck; Flucht mit dem Diebesgut durch die nunmehr geborstene Scheibe; eiliges Entfernen vom Tatort, dabei den Überraschungseffekt ausnutzend.
20 sec:
Someday I'm gonna make her mine.
Endgültiges Verschwinden aus dem Erfassungsbereich der Videokameras.

Das war's. 23 Sekunden. Nicht im Bild dokumentiert: Beseitigung der Gesichtsmaske und Handschuhe; Flucht mit dem in der Nähe geparkten Auto; diskretes Sichern des Videomaterials in der darauffolgenden Nacht.

Ich werde Ihnen aus nahe liegenden Gründen nicht sagen, wo das nächste Jahrestreffen der *United Oddballs* stattfindet. Ich kann Ihnen aber versichern, dass wir viel Spaß haben werden – nicht nur bei der Uraufführung meines Films. Haben Sie übrigens schon einmal versucht, den Text von *Her Majesty* rückwärts zu sprechen?
Ist gar nicht so einfach.

Nachwort

Es gibt eigentlich nichts mehr, was nicht schon in den vergangenen fünf Jahrzehnten über die Beatles gesagt und vor allem geschrieben worden wäre – so dachten wir jedenfalls, bis sich für uns überraschend eine Lücke auftat, die wir mit dem vorliegenden Buch schließen wollen: der Beatles-Krimi.

Alle mögen die Beatles: Erwachsene, Kinder und mittlerweile auch Greise. Gerade Letzteres war nicht immer so: Noch Mitte der 60er-Jahre weckten „Stromgitarren" bei den Bildungsbürgern Abscheu und Verachtung und die von den Beatles ausgelöste Langhaar-Mode machte die aufgeschreckten Kleinbürger aggressiv. Aber gegen den Charme, die Kreativität und die Originalität von John, Paul, George und Ringo war auf die Dauer kein Kraut gewachsen. Das von ihnen quasi erfundene und verkörperte Lebensgefühl prägt die westlichen Gesellschaften und die davon beeinflussten Kulturen nachhaltig und unumkehrbar.

Aber Beatles und Krimi?

Es war nahe liegend, die Texte der Beatles auf ihren kriminellen Gehalt hin abzuklopfen, und das haben wir natürlich auch getan.

Die makabre Geschichte von *Maxwell's Silver Hammer* inspirierte ‚Max aus Silberhammer', die Wildwest-Szenen von *Rocky Raccoon* spiegeln sich in der ‚Waschbärenjagd' wider. *The Ballad of John and Yoko* handelt zwar nicht von kriminellen Machenschaften, bildet aber den Schlüssel zu den tödlichen Fantasien, die den Erzähler der ‚Ballade von Johannes' antreiben.

Im realen Leben der Beatles selbst finden sich – abgesehen von gelegentlichen kleineren Konflikten mit den Drogengesetzen – nur wenige Ansatzpunkte für kriminalistische Studien: Ein aus heutiger Sicht eher amüsanter Gitarren-Diebstahl aus dem Jahr 1963 führt zum ‚Beichtgeheimnis'. Spektakulär und tragisch allerdings die Ermordung von John Lennon, die – ‚Stell dir vor' – immer noch Anlass für Spekulationen bietet.

Geschichte und Geschichten:

Richtig ist, dass die Beatles die Ski-Szenen für ihren Film *Help*! in den Salzburger Alpen drehten – frei erfunden ist dagegen die drumherum gebaute Story ‚Hilfe!'. Es ist überliefert, wie der Song *Yesterday* entstanden ist – alles Weitere, was darüber in ‚Vorgestern' zu lesen ist, stimmt definitiv nicht!

Und wenn schon: Man wird sich doch über die Erfindung der Pilzkopf-Frisur seine eigene Theorie zurechtlegen dürfen (‚Ein Tag im Leben'), über die Fab Four fabulieren dürfen (‚Idseschdem röh') – dafür ist schließlich seit den Tagen der Beatlemania anno 64 genügend Wasser den Rhein, die Elbe und die Donau hinuntergeflossen (‚Vierundsechzig').

Die stilistische und formale Bandbreite des Beatles-Repertoires reicht vom einfachen Popsong bis zu experimentellen Klanggebilden, von anderthalb Minuten straightem Beat bis zu zehn Minuten Psychedelik, von der simplen Gitarrenbegleitung über indische Sitar-Klänge und klassisches Streichquartett bis hin zu aufwendigen Orchester- und Synthesizer-Arrangements.

Wir haben deshalb bei unseren Beatles-Krimis von vornherein auf unterschiedliche „Tonarten" gesetzt und bezüglich des Umfangs die Spanne vom „Songfragment" bis zum „Konzeptalbum" ausgereizt.

Bleibt noch die Frage: Was ist von Lifka, was von Pfarr? Auch da haben wir uns an Lennon/McCartney orientiert und uns darauf geeinigt, die hoffentlich reichlich sprudelnden Royalties fifty-fifty zu teilen. Ein Tipp: Bei den Beatles ist der eigentliche Songschreiber in der Regel auch der jeweilige Lead-Sänger. Um sich in Sachen Lifka/Pfarr mit dem individuellen Tonfall vertraut zu machen, empfehlen wir deshalb auch die Lektüre unserer separat veröffentlichten Werke.

All You Need Is Love!

Richard Lifka & Christian Pfarr

Richard Lifka wurde 1955 geboren, wuchs in Wiesbaden auf und wird versuchen, bis er 64 Jahre alt ist, dort auch weiterhin zu wohnen. Im Januar 1968 erhielt er ein Geschenk: eine Single-Schallplatte von einer langmähnigen Musikgruppe aus Liverpool, auf deren B-Seite jemand meinte, er sei das Walross. Um diesen Text zu verstehen, studierte er später Politik, Geschichte und Soziologie in Mainz und Frankfurt am Main. Ob dies zum besseren Textverständnis beigetragen hat, ist nicht ganz geklärt, zumindest blieb er bis heute beharrlicher Fan der englischen Pilzköpfe. Seine Frau lernte er beim siebenminütigen Bluestanzen zu *Hey Jude* kennen und seine Tochter bekam statt Schlafliedern das gesamte Beatles-Repertoire zu hören. Von 1983 bis 1989 brachte er als Dozent an der Universität in Iasi/Rumänien den Studenten Literaturwissenschaft und Deutsche Kulturgeschichte näher. Gerüchten zufolge seien in dieser Zeit mehrmals Lieder wie *Come together* oder *Revolution No. 9* im ehrwürdigen Universitätsgebäude zu hören gewesen, was den rumänischen Geheimdienst Securitate veranlasste, Mikrofone in den Hörsälen zu installieren. Seit 1990 ist Richard Lifka selbstständig als freier Autor und Journalist,

Mitglied in der Autorengruppe deutschsprachiger Krimiautoren Das Syndikat und dem DVPJ (Deutscher Verband der Pressejournalisten). Wenn er nicht gerade *Paperback Writer* hört, schreibt er Kriminalromane, Erzählungen und Kurzkrimis, leitet Schreibwerkstätten, nennt sich manchmal Elka Vrowenstein oder organisiert das Wiesbadener Krimistipendium Trio Mortale. In seinem letzten Kriminalroman ‚Sonnenkönig' hat er einen Privatdetektiv kreiert, der zwar auch auf Led Zeppelin steht, dessen große Liebe aber auch die Beatles sind.

Christian Pfarr wurde 1959 in Hanau geboren (in dessen Umland seinerzeit Unteroffizier Elvis Presley im Auftrag der US-Army für Sicherheit und Rock'n'Roll sorgte) und wuchs im unterfränkischen Alzenau auf (dort auch erste Begegnung mit den Fab Four: Die ältere Cousine hing sich auf dem Höhepunkt der Beatlemania in der Spielzeit 1964/65 einen kleinen Plastik-Beatle an das Wirbelbrett ihrer Wandergitarre). Begann sich altersbedingt erst in dem Moment für Rockmusik zu interessieren, als sich die Beatles gerade aufgelöst hatten, und darf deshalb eigentlich gar nicht mitreden. Tut es aber trotzdem, denn das Studium der Musikwissenschaft, Kunstgeschichte und Publizistik in Mainz (endend mit einer Magisterarbeit über Santana) befähigte ihn für musikjournalistische Tätigkeiten bei Mainzer Tageszeitungen, später beim Südwestfunk und seit 1998 beim Radiosender SWR1, der zwar nicht nur Beatles-Songs spielt, aber fast ausschließlich Musik, die es ohne die Beatles gar nicht geben würde (oder die zumindest ganz anders klänge). Schrieb Sachbücher und Songtexte, Theaterstücke und Erzählungen, darunter immer wieder Krimis und Krimiähnliches. Betätigt sich auch als Komponist (geht aber auf diesem Gebiet einer direkten Konkurrenz mit den Beatles aus dem Weg). Zuletzt veröffentlicht: *Märchen, Verbrecher und Füchse. Drei Geschichten nicht ganz nach den Brüdern Grimm* bei Lermann/Mainz 2010.